教育部国别和区域研究系列丛书
北京语言大学国别和区域研究院

埃及女性主义思潮研究
A STUDY OF EGYPTIAN FEMINIST THOUGHTS

周 华◎著

时事出版社
北京

图书在版编目（CIP）数据

埃及女性主义思潮研究/周华著．—北京：时事出版社，2018.5
ISBN 978-7-5195-0115-0

Ⅰ.①埃…　Ⅱ.①周…　Ⅲ.①妇女学—研究—埃及　Ⅳ.①C913.68

中国版本图书馆 CIP 数据核字（2017）第 108711 号

出 版 发 行：时事出版社
地　　　　址：北京市海淀区万寿寺甲2号
邮　　　　编：100081
发 行 热 线：（010）88547590　88547591
读者服务部：（010）88547595
传　　　真：（010）88547592
电 子 邮 箱：shishichubanshe@ sina. com
网　　　　址：www. shishishe. com
印　　　　刷：北京朝阳印刷厂有限责任公司

开本：787×1092　1/16　印张：12　字数：170千字
2018年5月第1版　2018年5月第1次印刷
定价：85.00元
（如有印装质量问题，请与本社发行部联系调换）

序
PREFACE

女性主义起源于西方，19世纪末迅速波及世界各地。因此，对于埃及来说，女性主义与东方其他国家一样，同样也是"舶来品"。它是伴随着西方殖民主义者的枪炮来到埃及的，在西方女性主义埃及"本土化"的过程中，埃及女性主义运动随同这个国家的伊斯兰社会世俗化和西化进程的波折而起起伏伏，经历了多次反复。从严格的意义上来说，埃及女性主义运动是一场不彻底的运动，其余波至今仍未平息。

《埃及女性主义思潮研究》把19世纪末至20世纪初的埃及女性主义思潮作为研究的重点，对埃及女性主义思潮的兴起与发展进行了全面回顾、理性分析和客观总结。作为最早传播西方女性主义思想的阿拉伯国家，西方女性主义在埃及"本土化"的过程中，遭遇了本土传统文化和伊斯兰价值观的激烈抵制,这种不同文明间的交流、碰撞与融合,形成了独具民族、宗教特色的埃及女性主义思潮,并对此后埃及、其他阿拉伯国家乃至整个伊斯兰世界的女性主义运动产生了深远的影响。

该书的第一章"埃及女性主义思潮的兴起",分析了女性主义思潮在埃及兴起的内因和外因,并回顾总结了西方女性主义在埃及的传播途径及其影响力;第二章"女性主义在埃及的'本土化'及其流派",回顾了西方女性主义在埃及"本土化"的复杂过程,尤其是东西方价值观的激烈碰撞,指出社会变革对女性主义"本土化"的促进作用,并将埃及女性主义流派划分为宗教改良派、世俗自由派和女性经验派三大派别,同时对各派的代表人物予以简要介绍;第三章至第六章,将埃及女性主义思潮从"面"上予以展开,以"点"的方式逐个分析总结了埃及女性主义各流派争论最为激烈的四个焦点问题,即"面纱与女性自由""女性教育""男女平等与女性工作"和"婚姻家庭",详细回顾了埃及女性主义思潮三个流派对于上述四大问题的观点、分歧及各自的理由;结论部分归纳了埃及女性主义思潮的主要特征,并从五个方面总结了作者对埃及女性主义思潮的新认识。

西方女性主义对埃及女性主义思潮的兴起与发展产生了很大的影响,但这股思潮并不是孤立的、单一的,而是现代西方文明对东方文明侵蚀的一个重要组成部分。作为一个饱受西方侵略和殖民的阿拉伯国家,埃及普通民众对西方殖民者怀有敌意,对外来文化的入侵时刻保持警惕。而作为一个宗教国家,埃及数千年的传统文化及伦理道德观念根深蒂固,至今影响着普通埃及人的价值观念和行为取向。因此,西方女性主义在埃及"本土化"的过程,其实质就是一个伊斯兰化的过程。在埃及女性主义思潮众多流派中,倡导以伊斯兰核心价值观为基础重构女性观的宗教改良派,因其理论观点符合捍卫民族属性和宗教信仰的时代需求而被埃及普通民众广泛接受，成为埃及女性主义思潮的主流，并深刻影响着埃及和其他阿拉伯世界的女性主义运动。

  针对埃及女性主义思潮的研究，无疑将有助于揭示女性主义在阿拉伯世界的发展现状、特征和所面临的问题，有助于丰富和完善全球女性主义的理论；研究埃及女性主义思潮必将有助于我们深入了解这个文明古国；针对这一选题做全面、深入的理论研究，不仅有助于我们公正、客观地认识埃及社会，了解埃及女性在争取自身权益方面所面临的问题，而且对我们认识其他阿拉伯国家乃至整个伊斯兰世界的类似问题也具有重要的参考和借鉴意义。

周 烈

2018 年 3 月 6 日

目录 Contents

绪　论

第一章　埃及女性主义思潮的兴起

第一节　女性主义思潮在埃及兴起的内因 / 008
第二节　女性主义思潮在埃及兴起的外因 / 012
第三节　西方女性主义在埃及的传播 / 017

第二章　女性主义在埃及的"本土化"及其流派

第一节　女性主义在埃及"本土化"的两个重要时期 / 027
第二节　西方女性主义与伊斯兰价值观的激烈碰撞 / 032
第三节　社会变革对女性主义"本土化"的促进作用 / 038
第四节　埃及"本土化"女性主义流派及其代表人物 / 041

第三章　面纱与女性自由之争

第一节　宗教改良派对女性面纱的观点 / 054

第二节　世俗自由派对女性面纱及女性自由的观点 / 058

　　第三节　女性经验派对面纱问题的观点 / 068

　　第四节　有关女性自由的观点 / 074

第四章　女性教育之争

　　第一节　宗教改良派关于女性教育问题的思想观点 / 081

　　第二节　世俗自由派关于女性教育问题的思想观点 / 084

　　第三节　女性经验派关于女性教育问题的思想观点 / 090

　　第四节　埃及女性主义学者关于女性教学的思想观点 / 094

第五章　男女平等与女性工作权之争

　　第一节　对于男女平等的争论 / 114

　　第二节　对于女性工作权的争论 / 134

第六章　女性婚姻家庭权利之争

　　第一节　埃及女性主义各个流派的婚姻观念 / 149

　　第二节　限制多妻制 / 153

　　第三节　限制离婚 / 165

结　论

参考文献

致　谢

绪 论

一、选题的界定

女性主义起源于西方，19世纪末迅速波及世界各地，因此对于埃及来说，女性主义与东方其他国家一样，同样是"舶来品"。它是伴随着西方殖民主义者的枪炮来到埃及的，西方女性主义在埃及"本土化"的过程中，埃及女性主义运动随同这个国家的伊斯兰社会世俗化和西化进程的波折而起起伏伏，经历了多次反复。从严格的意义上来说，埃及女性主义运动是一场不彻底的运动，其余波至今仍未平息。

因此，研究这场运动的理论思潮及流派，首先需要从时间节点上对这个选题做出一个界定。借鉴埃及女性主义研究学者通常的做法，本选题研究的时间跨度限定在1831—1962年这段历史时期。1831年，埃及女性主义的启蒙导师里法阿·塔哈塔维从法国回到埃及，开始致力于传播西方女性主义思想，这被认为是埃及女性主义运动元年。① 1962年，埃及纳赛尔政权制定新宪法，从国家根本大法的高度确立男女平等的原则，这被认为是这场持续了131年的轰轰烈烈的女性主义运动实现了阶段性奋斗目标的标志性事件。此后，随着阿拉伯人在1967年第二次中东战争中战败、纳赛

---

① 穆罕默德·伊斯玛仪·穆卡迪姆：《面纱回归》，塔伊巴出版社1988年版，第23页。

尔逝世、其接班人萨达特寻求与穆斯林兄弟会媾和等一系列历史事件的发生，埃及伊斯兰激进主义思想重新抬头，这场埃及现代史上最波澜壮阔的自由主义女性主义思潮陷入了一个相对低潮的时期。因此，1962年以后的埃及女性主义思潮缺乏典型意义，不列入本选题研究的重点。

其次，从内容方面来说，由于西方女性主义在埃及"本土化"的过程中遭遇了本土传统文化和伊斯兰价值观的激烈抵制，这种不同文明间的世纪大碰撞催生了具有地域、宗教和文化特色的埃及女性主义思想理论，并对埃及女性主义运动的发展及成果产生了深远的影响。世界各国的女性主义运动的方式大同小异，推动该运动发展的思潮和流派却千差万别、精彩纷呈，而且具有十分明显的地域、民族、宗教、文化等特色，因此与其研究埃及的女性主义运动方式，不如研究埃及女性主义的思潮及流派更具内涵和特色。本选题致力于把埃及女性主义运动的思想理论作为研究重点，通过归纳、对比各个主要流派的思想交锋，分析、归纳埃及女性主义的主流思想。而有关埃及女性主义运动的重要人物、斗争方式、重要成果等内容，本选题的研究将视需要仅仅对它们进行穿插概述，以便最大限度地保持研究结构的完整性和整体感。

二、选题的意义

女性主义（Feminism，又译为"女权运动""女权主义"）是指一个主要以女性经验为来源与动机的社会思潮与政治运动。女性主义者在对现存社会关系进行批判之外，着重于性别不平等的分析以及推动妇女的权利、利益等议题，挑战生育权、堕胎权、教育权、家庭暴力、孕妇留职、薪资平等、投票权、性骚扰、性别歧视与性暴力等议题。

女性主义运动被认为是男性资产阶级革命的副产品。1791年，在大革命时期的法国，法国女性主义剧作家和记者奥兰普·德古日发表的《妇女和女性公民权利宣言》，被认为是开启女性主义运动的标志。《宣言》认为,"女人生来自由,而且和男人平等"。① 女性主义追求实现全人类男女平等,虽然其经典理论大多出自西方中产阶级学术界,但随着时间的推移,该运动早已演变成一个跨越阶级与种族界线的普世运动,并带有鲜明的文化和地域特色。

女性主义发展运动经历了两性平等、两性平权、两性同格等历史阶段,其理论有宏观的,也有微观的,有激进的,也有温和的,门类繁多,如性别女性主义、法国女性主义、激进女性主义、性解放女性主义、第三世界女性主义、马克思女性主义、隔离女性主义等。一些女性主义者甚至把堕胎权、离婚权、性行为权、性交易除罪、通奸除罪等作为反抗父权的手段,导致现代社会不断泛滥的离婚、非婚生子女、单亲家庭,进而使两性之间的人伦关系陷于危机,因而受到学界的普遍批判。

埃及女性主义思潮起源于19世纪中叶,直至该世纪末才渐成气候。1898—1901年期间,集爱国主义运动创始人、社会改革家、作家、文学家等身份于一身的埃及律师卡西姆·阿明(1863—1908年)先后发表了《解放女性》《新女性》等女性主义经典著作,在男权专制的埃及传统社会投下了重磅炸弹,引起了强烈的震动。从此,埃及女性主义思潮如火如荼、蓬勃发展。为此,卡西姆·阿明被埃及社会推崇为埃及女性主义思潮的旗手。埃及女性主义思潮深受西方女性主义经典理论的影响,但具有鲜明的阿拉伯民族和地域特色以及浓厚的伊斯兰宗教色彩。而且,埃及学术界认为,女性主义并非西方专利,在埃及古已有之,因此他们一般把起源于19世纪中叶的埃及女性主义运动称为"女性主义复兴",以此淡化西方女性主义的印记。200多年来,国际女性主义运动跨越国界和语言障碍,超越阶级与种族的界限,为女性事业和人类进步做出了巨大贡献。但是,直至21世纪的今天,埃及女性目前仍普遍遭受着明显的性别歧视,重男轻女、

---

① 玛格丽特·沃特斯,朱刚、麻晓蓉译:《女权主义简史》,外语教学与研究出版社2008年版,第196页。

男尊女卑的传统思想在埃及社会仍然根深蒂固，女性群体习惯性地被视为弱势群体，被认为是一个离开男性不能独立生活的群体。埃及女性的文盲率、失业率都大大高于男性，她们在日常学习、工作和生活中遭受的不公正待遇引起了埃及国内思想界、政治界、宗教界的高度关注，也引发了国际舆论、特别是西方媒体常态性的围观和谴责。因此，在西方女性主义者声称已经取得胜利的今天，埃及女性主义运动仍然任重道远，关注并研究这一领域具有十分重要的现实意义。

首先，女性主义流派众多，既有普世意义，也有明显的地域、民族和文化特色。埃及是阿拉伯女性主义的发源地，西方经典女性主义传入埃及后，在遭遇当地宗教文化和风俗习惯的冲突后，形成了别具特色的阿拉伯女性主义思潮。因此，针对埃及女性主义思潮的研究，无疑有助于揭示女性主义在阿拉伯世界的发展现状、特征和所面临的问题，也有助于丰富和完善全球女性主义的理论。

其次，"妇女能顶半边天"。对于埃及女性主义思潮的研究，不仅涉及社会保障、婚姻家庭、伦理道德、风俗习惯、教育就业、卫生医疗等微观层面的具体问题，更与这个国家的政治、经济、文化、宗教等宏观层面存在的问题息息相关。可以说，一个国家女性所享有的地位，是折射这个国家文明程度、开放程度和进步程度的重要标尺。"每一个了解一点历史的人都知道，没有妇女的酵素就不可能有伟大的社会变革。社会的进步可以用女性（丑的也包括在内）的社会地位来精确衡量。"[1] 因此，研究埃及女性主义思潮必将有助于我们深入了解这个文明古国。

最后，埃及是阿拉伯和伊斯兰世界举足轻重的大国，也是阿拉伯世界的第一人口大国。历史上，埃及是女性主义思潮的发源地和运动中心，是受西方女性主义影响最早、最深刻、最广泛的阿拉伯国家，因此埃及女

---

[1] 秦美珠：《马克思恩格斯选集》第4卷，人民出版社1995年版，第586页，转引自《女性主义的马克思主义》，重庆出版社2008年版，第2页。

主义思潮在阿拉伯世界具有一定的代表性和典型意义。针对这一运动做全面、深入的理论研究，不仅有助于我们公正、客观地认识埃及社会，了解埃及女性在争取自身权益方面所面临的问题，而且对我们认识其他阿拉伯国家乃至整个伊斯兰世界的类似问题也具有重要的参考和借鉴意义。

三、阿拉伯女性主义理论的研究现状

阿拉伯女性主义运动被认为是一场世俗化、自由化运动，19世纪起源于埃及并迅速波及整个阿拉伯世界和伊斯兰世界，埃及的女性主义思潮对阿拉伯世界各国的女性主义理论具有典型的指导意义，因此阿拉伯学者在研究阿拉伯女性主义时，都侧重研究埃及女性主义。

埃及妇联的创始人胡黛·沙阿拉维（Huda Shaarawi）一般被认为是阿拉伯世界女性主义运动最杰出的代表人物，而《解放女性》和《新女性》这两本阿拉伯女性主义的代表作的作者卡西姆·阿明（Qasim Amin）则被认为是阿拉伯女性主义的旗手。

《东方女性》《解放女性》和《新女性》三本书被阿拉伯女性主义学者奉为该研究领域的经典图书。《东方女性》的作者是马尔卡萨·法哈米（Marqasa Fahmi），该书呼吁阿拉伯女性除掉面纱、取消性别隔离制度、限制离婚、禁止一夫多妻以及允许穆斯林女性与非穆斯林男性通婚。而卡西姆·阿明在写作、出版《解放女性》（1899年）和《新女性》（1900年）两本书时，曾深受其老师、伊斯兰激进主义理论家穆罕默德·阿卜杜（Mohamed Abdu）的宗教改革思想的影响，并得到当时埃及政坛风云人物萨阿德·扎格卢勒（Saad Zaghlul）首相的热情鼓励。扎格卢勒及其夫人索菲娅·扎格卢勒（Sofia Zaghlul）等人，都是女性主义运动的倡导者和活动家。

以埃及为代表的阿拉伯女性主义运动，其主要诉求有：

1. 揭掉面纱，还女性自由；
2. 取消在学校、政府机构、商场等各种场合的男女隔离制度；
3. 限制离婚，未经法庭判决不得离婚；
4. 一夫多妻的前提条件是征得妻子的同意；
5. 女性享有工作的权利；
6. 女性享有除担任总统以外的所有社会和政治权利。

1975年联合国"世界妇女年"到来之际，由埃及外交官艾哈迈德·塔哈·穆罕默德（Aamed Taha Mohamed）撰写出版的《埃及女性——过去与现在》荣获埃及政府颁发的"'国际妇女年'最佳图书奖"。该书讲述了从远古法老时期至20世纪70年代这一历史长河中埃及妇女地位的变化与发展，并着重总结了埃及女性主义运动兴起以来埃及女性地位的显著变化。

而由艾哈迈德·穆罕默德·萨利姆（Ahmed Mohamed Salim）博士撰写的《现代阿拉伯思潮中的女性：时代论战述评》（2012年）则全面归纳总结并分析研究了埃及女性主义流派、伊斯兰保守派、伊斯兰改良派、世俗派、自由派等各个流派有关女性主义思想的冲突，可以说是这方面的集大成者。

此外，还有众多当代伊斯兰学者撰写的有关女性问题的著作，这些著作大多宣扬伊斯兰教为保障女性权益所做的巨大贡献。由于这些著作比较零散，有的已经超出本选题界定的历史时间范畴，在此不再举例说明。

第一章 埃及女性主义思潮的兴起

19世纪末20世纪初,一场史无前例、声势浩大的女性主义运动(حركة تحرير المرأة,即"女性解放运动",الحركة النسائية)席卷埃及,并迅速波及到阿拉伯世界其他地区。在这场运动中,诞生了埃及第一份女性期刊,成立了第一个女性协会,创办了第一所女子学校,发动了史上第一场女性游行……这场运动堪称埃及历史上影响最大、社会参与度最广的一场女性主义运动。在其影响下,埃及女性纷纷摘下面纱,露出秀美的脸庞,完成了自我解放、自我救赎。她们纷纷走出家庭,接受教育,参与到政治、经济、文化等方方面面的活动之中,走向更加广阔的人生舞台。这场运动对于埃及女性的进步意义是毋庸置疑的。在它的推动下,1962年埃及纳赛尔政权制定新宪法,从国家根本大法的高度确立了男女平等的原则,从法理层面实现了埃及社会的男女平等,这就是这场运动进步意义的最好诠释。但是,从1962年到今天,埃及社会围绕这场女性主义运动的争议也从未平息,反对者为它戴上了"西化""世俗化""去宗教化"等帽子,[①]指责西方殖民主义是这场运动的幕后推手,认为埃及女性主义运动是一个阴谋,其目的是动摇埃及社会的根基,传播西方价值观,并为西方的殖民

---

① 萨夫尔·本·阿卜杜·拉赫曼:"解放女性之宣传——诞生与发展",www.alhawali.com/index.cfm? method=home.subcontent@ contentID=1509。

统治服务。

其实，在埃及女性主义运动如火如荼演绎推进的背后，是埃及女性主义思潮的兴起，是东西方女性文明的激烈碰撞和妥协，是埃及思想界、理论界围绕女性问题的思考与探索。埃及女性主义思潮的兴起，犹如一股旋风，立即在当年的尼罗河上下引起了极大的关注，有人围观看热闹，有人挺身而出，扛起了女性解放的思想大旗，更有人为"一夫多妻""相夫教子""女子无才便是德"等传统思想据理力争。所谓"理不辨不明，事不鉴不清"，埃及女性主义思潮的兴起，为这个国家的女性主义运动提供了理论基础。但是，女性主义起源于西方，对埃及这个东方国家来说是个"舶来品"，与西方对埃及的殖民统治也有着千丝万缕的联系，因此它在"本土化"的过程中遭遇了"水土不服"，存在局限性和地域、民族、宗教等特色。这就决定了埃及女性主义运动是一场不彻底的革命，是一场充满争议的运动。

那么，西方女性主义理论为何能在埃及这个伊斯兰国家率先生根发芽？它的传播途径是什么？对于这些问题的梳理和回答，构成了本书第一章的核心内容。

第一节　女性主义思潮在埃及兴起的内因

埃及本土学者研究女性问题，一般都会首先强调两个事实：一是法老时期埃及女性享有的崇高地位；二是伊斯兰教对于保护女性权益的进步意义。这两个事实都是埃及本土学者引以为豪、津津乐道的问题。我们研究埃及的女性问题，不妨也从这两个事实入手：对于法老时期埃及女性地位的回顾，有助于我们了解埃及女性追求自由平等的思想根源，进而有助于我们理解阿拉伯女性主义运动率先在埃及爆发的历史原因；而对于伊斯兰教在女性问题上进步意义的强调，则有助于我们厘清伊斯兰教与女性问题的关系，也有助于我们理解西方女性主义在埃及"本土化"过程中与伊斯兰价值观产生的激烈碰撞。

大量的历史文献和考古资料显示，从公元前3500年至公元642年伊斯兰教征服埃及，在这长达4000多年的历史中，埃及女性的地位只是在第五王朝至第十五王朝（公元前2750年至公元2160年）以及公元4—7世纪东罗马统治埃及期间受到了影响，在古埃及的其他时期埃及女性都能享受比较充分的权利，这在人类古代历史上几乎是个绝无仅有的特例。[1] 在古埃及，每位男性只能娶一个妻子，女性甚至享有优于男性的权利，成年女性不仅可以自由支配自己的财富，而且在古埃及早期的王朝中，只有女性才拥有财富和王位的继承权，男性只有承诺永远忠于妻子，才能娶她为妻。男性像女性一样在家从事纺织，女性则像男性一样自由从事买卖、经商、借贷等经济活动。[2] 在有关古埃及女性地位的记载中，公元前5世纪的希腊历史学家希罗多德的描述最不寻常：埃及女性到市场经商，男性则呆在家里纺织；埃及男性把重物顶在头顶，女性则背在背上；而最能体现古埃及女性崇高地位的莫过于王位继承和女性崇拜。胡夫法老的母亲哈特卜、阿蒙法老之女哈特舍普苏特、阿赫纳顿法老之妻娜法尔提提、家喻户晓的埃及艳后克娄巴特拉等都是古埃及著名的女法老，长期统治着尼罗河上下。另外，法老时期还把女性比做神灵出现在神话传说和偶像崇拜之中。例如，古埃及代表死亡与忠诚的神灵伊西斯，埃及人认为尼罗河泛滥缘自她丈夫逝世后伊西斯悲伤的眼泪。

总之，与同时代其他国家的女性相比，古埃及女性的地位真有天壤之别。例如，古希腊家庭中的男性是一家之主，妻子仅仅是丈夫的生育工

---

[1] 萨利姆·哈桑：《古代埃及》，卷二，东升书局2005年版，第234—236页。
[2] 法鲁克·艾布·祖比达："埃及的新闻与自由思想"，转引自艾哈迈德·塔哈·穆罕默德著：《过去和现在的埃及女性》，埃及塔利夫书局1979年版，第17页。

具，被剥夺了任何受教育的权利；古罗马从法律上认定女性缺少思想，所以她们没有资格签署约定、订立遗嘱、获得文凭或出门工作，男性对女性拥有绝对的权利，女性可以当牲口一样买卖……①所以，古埃及女性长期享有男女平等、甚至优于男性的权利，如此优越的地位，为现代埃及女性反对男权专制和传统习俗种下了基因，为她们追求男女平等平权提供了思想基础。

公元4—7世纪，东罗马帝国征服了埃及，古埃及文明灭亡，女性的地位随之下降。公元7世纪，伊斯兰教征服埃及后，把埃及女性从东罗马帝国统治的"蒙昧时期"解救了出来。伊斯兰学者普遍认为，伊斯兰教禁止活埋女婴，禁止儿子在父亲去世后娶自己的母亲为妻，只允许男性最多娶4个妻子，宣扬男女平等，承认女性受教育的权利、离婚的权利以及拥有、继承财产的权利，允许女性出门从事工作、参与社会事务等等。因此，伊斯兰教"已经把人类的尊严还给了女性，并从规范信仰、崇拜、人际交往等方面入手，使女性享有自我实现的权利和独立人格"。②而且，伊斯兰教在改变女性社会地位的同时，也改变了男性歧视女性的传统观念。而所有这一切在伊斯兰制度下女性享有的权利，欧洲女性直到20世纪才得以部分实现，这足以说明伊斯兰教在保护女性权利方面的超前性和进步意义。

事实证明，在伊斯兰教传播初期，埃及女性仍然享有其基本权利，其中包括政治权利。那时，女性不需要戴面纱，可以接受教育，参与社会活动。③但是，从阿拔斯王朝开始，埃及女性与帝国治下的其他穆斯林女性一样，开始遭受歧视和压迫，境遇每况愈下。尤其是阿拔斯王朝穆特瓦基勒·阿莱拉（822—861年）和卡迪尔·比拉（？—1092年）两任哈里发

---

① 艾哈迈德·扎卡："诸世纪他国女性地位"，《阿拉伯人》1975年1月，转引自艾哈迈德·塔哈·穆罕默德著：《过去和现在的埃及女性》，埃及塔利夫书局1979年版，第13—14页。

② 艾哈迈德·塔哈·穆罕默德著：《过去和现在的埃及女性》，埃及塔利夫书局1979年版，第25页。

③ 同上书，第27页。

时期，官方发布了一系列限制女性权利的法令，如禁止女性前往清真寺礼拜，实行性别隔离制度等。在随后统治埃及的阿尤布王朝（1171—1250年）和奥斯曼帝国（1299—1922年）时期，埃及女性的地位下降到了谷底。她们被迫戴上了面纱，把自己包裹得严严实实，还被剥夺了外出的自由和受教育的权利，成了男性的玩偶、生育的机器，其全部的人生价值和意义被限制在为家庭和丈夫服务的狭小范围之内。可以说，埃及女性遭遇的极度压迫和剥削，正是19世纪末、20世纪初女性主义思潮在埃及蓬勃兴起的深层次原因。

在回顾埃及女性地位在伊斯兰时代每况愈下的原因时，埃及学者艾哈迈德·塔哈·穆罕默德（Ahmed Taha Mohamed）认为，其与阿拉伯帝国的衰亡、外族入侵以及奴隶制的长期存在等因素有关。另外，面纱的流行限制了女性的自由；男性荒淫颓废、纵情享乐破坏了家庭的根基；神学家在伊斯兰教创制方面的不作为，造成了宗教僵化，难以与时俱进等等，这些都是导致埃及女性地位低下的重要原因。[1] 另一位埃及学者艾哈迈德·穆罕默德·萨利姆（Ahmed Mohamed Salim）把埃及女性地位低下的原因归为四大类，即"政治专制、男权压迫、传统习俗的影响以及宗教僵化"。[2] 总结这两位学者的观点，埃及女性地位低下不是伊斯兰教本身的问题，即不是"神"的问题，而是"人"的问题。这种观点在阿拉伯知识界极具影响力，很有代表性，它与西方学者通常把阿拉伯世界女性问题产生的根源直接归结为宗教本身有着本质的区别，可以说是阿拉伯学者维护宗教信仰和民族尊严、反击西方学者观点的本能反应。

---

[1] 艾哈迈德·塔哈·穆罕默德：《过去和现在的埃及女性》，埃及塔利夫书局1979年版，第26页。

[2] 艾哈迈德·穆罕默德·萨利姆：《现代阿拉伯思潮中的女性：时代论战述评》，埃及书局2012年版，第22页。

第二节　女性主义思潮在埃及兴起的外因

埃及地处欧、亚、非三洲交界之地。历史上，独特的地理位置使埃及成为东西方文明碰撞、交融的理想场所。女性主义起源于欧洲西方国家，它被认为是17、18世纪资产阶级革命的一个副产品，而19世纪末、20世纪初西方女性主义向东方世界的传播，则与西方殖民主义奴役、殖民东方世界紧密地联系在一起，这引发了埃及等东方国家民族主义志士仁人的高度警惕与防范。因此，说到西方女性主义在埃及的传播，十分有必要回顾英、法等西方老牌帝国主义对埃及的殖民历史。19世纪末、20世纪初的埃及经历了从封建主义向资本主义过渡，从半殖民地、半封建社会向殖民地社会过渡的历史变迁。在这个过程中，西方强势文明，其中包括女性主义理论随着殖民者的枪炮来到埃及，对当地的政治、经济、文化、社会、宗教等方方面面造成了巨大的冲击。可以说，西方对埃及的殖民，正是女性主义思潮在埃及传播的主要外因。

1798年7月，为了与英国争夺殖民地，切断英国与印度殖民地的联系，"法兰西科学院院士、东方军团司令"拿破仑率庞大的"东方军团"从亚历山大登陆埃及，开始了法国对埃及短暂的殖民统治。拿破仑先是打着"解放埃及人民"的旗号，谎称自己已经皈依了伊斯兰教，尊敬《古兰经》、尊敬先知、尊敬伊斯兰，甚至穿戴穆斯林服饰前往清真寺礼拜，但在遭到当地民众不屈的反抗后，他便露出了侵略者的本性，大开杀戒。虽然在英军、奥斯曼土耳其军队以及当地民众的共同反击下，拿破仑对埃及的殖民统治只持续了两年时间，但是这段短暂的殖民统治却改变了近东的战略格局，推动了包括埃及在内的近东地区国家的政治、经济、文化和宗教改革与发展，对埃及现代史产生了十分深远的历史影响。

埃及女性主义学者莱依拉·巴尤米（Layla Bayoumi）指出："女性主义运动首先在埃及爆发，随后传遍整个阿拉伯和伊斯兰世界，它与1798年法国入侵埃及密切相关。法国人带来了煽动女性解放与反叛的思想，随军来到埃及的法国女人不戴面纱，大摇大摆地走在大街上，她们骑马、骑骆驼，高声谈笑，行为举止粗野，并与车夫、下等人打情骂俏，引得一些不明就理的埃及女性纷纷效仿。当法国人攻占布拉克老区后，烧杀抢掠，无恶不作，并把那些年轻貌美的女性掠至军营，强迫她们穿上西式服装，供军人们消遣……"①

其实，与拿破仑对埃及失败的军事侵略相比，"东方军团"对埃及的文化侵略影响更为深远。拿破仑当年入侵埃及之前，招募了100多名科学家、艺术家随行，携带了包括《圣经》在内的一大批图书，其目的是要在古老的东方大地上传播西方文明。这些人中有数学家、建筑师、博物学家、工程师、地理学家、天文学家、雕塑家等。拿破仑甚至还在埃及成立了埃及科学院，自任副院长。这些法国科学家们在埃及致力于考古、测量运河等工程，多年后出版的皇皇巨著《埃及纪事》，在西方掀起了埃及学热，并为苏伊士运河的开通和破解象形文字的千古之谜奠定了基础。

1799年8月，拿破仑及其随行的科学团离开了亚历山大回国。1901年6—8月，随着英军相继占领开罗和亚历山大，"东方军团"投降，埃及开始沦为英国的半殖民地。随后崛起的穆罕默德·阿里帕夏（Mohamed Ali）收拾了埃及马木鲁克贵族作乱的局面，锐意改革，富国强兵，多次打败入侵的奥斯曼土耳其宗主国以及英国军队，成为埃及独立史的奠基人。虽然由于穆罕默德·阿里穷兵黩武，加上西方殖民主义和奥斯曼土耳其帝国余威的双重威胁，阿里改革最终以失败告终，但却开启了埃及现代史上西化、世俗化的先河，奠定了埃及作为一个民族独立国家的基础。1840年，英埃协定的签署，标志着埃及沦为英国的半殖民地。1869年，随着苏伊士

---

① 莱依拉·巴尤米："女性主义运动大事记"，www.jahaonline.com/articles/view/10.htm。

运河的开通，西方殖民主义加紧了对埃及的侵略。1882年，埃及在英埃战争中战败，彻底沦为英国的殖民地。1914年，第一次世界大战爆发后，埃及沦为英国的"保护国"。

阿里改革中的一个小插曲，与西方女性主义在埃及的传播有着密切的关系。阿里帕夏正是看到西方殖民者船坚炮利打开了埃及的国门，深感埃及在科技、文化等方面的落后，于是决定挑选一批年轻学者前往法国学习科学知识，盼望他们学成以后报效祖国。在这批年轻人中，有一位从埃及爱资哈尔大学选送的学生名叫里法阿·塔哈塔维（Rifaa Tahtawi，1801—1873年），他被指定为留法埃及学生代表团的阿訇兼负责人，随团一同前往法国留学。塔哈塔维在法国留学期间（1826—1831年），对西方女性主义产生了浓厚的兴趣，致力于研究后资产阶级革命的法国状况及其与埃及现状的比较，并撰文向埃及社会予以介绍。1831年回国后，塔哈塔维继续他的使命和事业，致力于从宗教角度审视埃及的社会状况，积极呼吁改善埃及女性的社会地位，为她们接受教育创造条件。因此，塔哈塔维被认为是"从宗教角度全面审视埃及女性问题的第一人"。[1] 穆罕默德·阿里帕夏的本意是选派塔哈塔维去法国学习科学知识，但却无心插柳，种瓜得豆，培养了埃及女性主义的"第一人"，塔哈塔维从法国学成回国的1831年，也被认为是埃及女性主义兴起的"元年"。

英国对埃及长达近1个世纪的殖民地、半殖民地统治，严重破坏了埃及的民族经济，激起埃及人民一次又一次的反英斗争。其中包括埃及爱国军官艾哈迈德·阿拉比（Ahmed Arabi，1841—1911年）领导的1882年反英大起义、由穆斯塔法·卡迈勒（Mostafa Kamal，1874—1902年）领导的祖国党的反英斗争以及由被誉为"埃及独立之父"的萨阿德·扎格卢勒（Saad Zeghlul，1858—1927年）及其华夫脱党领导的1919年独立革命。为

---

[1] 艾哈迈德·穆罕默德·萨利姆：《现代阿拉伯思潮中的女性：时代论战述评》，埃及书局2011年版，第16页。

了结成最广泛的民族独立阵线,祖国党和华夫脱党都支持女性参与反英斗争。"埃及妇女必须参与驱逐英国人和殖民者的斗争","妇女能顶半边天,不应袖手旁观,而应为国家的独立、建设和社会服务做出贡献","宗教是真主的,祖国是我们大家的"[1] 等观念逐渐深入人心。在这样的思想观念指导下,被认为带有世俗化倾向的埃及女性主义运动获得了前所未有的发展机遇,客观上助推了埃及女性主义思潮的传播与发展,为20世纪初埃及女性主义运动高潮的来临奠定了基础。

据记载,埃及历史上第一位同时面向男士和女士演讲的政治家便是祖国党领导人穆斯塔法·卡迈勒。1907年12月7日,一些女性通过写信的方式获得参加会议的资格,她们和与会者一起就座,但是座位被安排在一个角落里。[2] 吸纳女性参加政治活动,是卡迈勒一生中引以为荣和自豪的事情。卡迈勒欢迎女性参加祖国党领导的反抗英殖民统治的政治活动,但迫于传统,并未承认女性在党内的官方身份。在卡迈勒时期,一批杰出的埃及女性开始在女性主义运动中脱颖而出,涌现出一批女性作家和诗人,最具代表性的是宰娜卜·法瓦兹(Zainab Fawazi)、梅·齐亚德(May Ziade)、马里克·纳斯夫(Malik Nasif)、胡黛·沙阿拉维(Huda Shaarawi)、娜巴维亚·穆萨等(Nabawiya Mousa)。

在埃及1919年革命中,埃及女性主义运动的力量非常突出。同年3月14日,哈米黛·哈里里(Hamida Khariri)在当天举行的抗英示威活动中牺牲,成为埃及历史上抗英斗争的第一位女烈士。两天后,有300多名女性到外国使领馆区抗议示威,抗议英殖民者对手无寸铁的民众开枪镇压的野蛮行径。这次示威活动是有组织的,女性排成整齐的两队,所有人都佩戴了特殊标记,游行队伍行走在主要街道上,高呼自由、独立,推翻英殖

---

[1] 萨夫尔·本·阿卜杜勒·拉赫曼:"解放女性之宣传——诞生与发展",www.alhawali.com/index.cfm? method = home.subcontent@ contentID = 1509。
[2] 艾哈迈德·塔哈·穆罕默德:《过去和现在的埃及女性》,埃及塔利夫书局1979年版,第55页。

民统治的口号。20日,埃及女性再次组织抗议活动,游行路线从尼罗河宫花园开始一直到议会大楼,示威者包围了装甲车里的英军队伍。1920年1月16日,埃及女性举行了有史以来最大规模的女性反英示威大游行活动,游行路线从铁门广场一直延伸到阿比丁广场,游行队伍浩浩荡荡,一路高呼口号,谴责英殖民者,争取民族独立。女性游行在埃及和阿拉伯历史上都是开天辟地的大事,几乎每一位研究埃及女性主义运动的人士都会浓墨重彩地描述埃及女性在民族独立运动中写下的这一光辉篇章。

萨阿德·扎格卢勒(Saad Zaghlul)被认为是埃及历史上最积极支持女性主义运动的政治领导人。他领导的华夫脱党正式吸纳女性党员,并成立了华夫脱党女性党员中央委员会和地方委员会,扎格卢勒夫人、被誉为"埃及国母"的索菲亚·扎格卢勒(Sofia Zaghlul)亲任委员会名誉主席。1923年,华夫脱党著名女性活动家胡达·沙阿拉维成立了埃及妇女联合会,为女性全面争取权利、特别是政治权利而斗争。1938年10月,埃及妇联在开罗召开了首届阿拉伯妇女大会,来自埃及、叙利亚、伊拉克、黎巴嫩、约旦、巴勒斯坦等国的妇女代表与会。会议全面讨论了阿拉伯的女性问题,在所有阿拉伯国家女性心目中产生了深远影响。

另外,值得一提的是,除了西方的殖民侵略和埃及的民族独立运动外,19世纪后半叶兴起的伊斯兰复兴运动也对女性主义在埃及传播与发展产生了重要影响。以贾迈勒丁·阿富汗尼(Jamal Deen Afghani,1838—1897年)、穆罕默德·阿卜杜(Mohamed Abdu,1849—1905)和拉希德·里达(Rashid Ride,1865—1935年)师徒三代的思想为代表的伊斯兰复兴运动,对埃及乃至整个阿拉伯世界近百年来的发展都产生了深远的影响。伊斯兰复兴运动一方面大力提倡"泛伊斯兰主义",呼吁全世界穆斯林不分国籍、不分教派和学派,统一团结在伊斯兰教的旗帜下,共同抵御西方殖民主义,谋求伊斯兰世界的全面振兴;另一方面,伊斯兰复兴运动还大力提倡教育、理性和宗教改革,号召解放思想,打破伊斯兰世界封闭僵化的现状。① 在伊斯兰复兴运动的影响下,拉希德·里达的学生哈桑·班纳(Hassan Bana)继承"泛伊斯兰主义"精神,创建了赫赫有名的全球性政治宗教组织"穆斯林兄弟会";而穆罕默德·阿卜杜的学生卡西姆·阿明则继承了理性和宗教改革的精神,并十分关注埃及的女性问题。他于1899年和1900年先后出版了《解放女性》和《新女性》这两本在埃及女性主义运动史上堪称里程碑式的著作,呼吁女性摘下面纱,走出家门,接受教育,向传统保守势力做出坚定斗争,这在当时的埃及社会扔下了女性主义的重磅炸弹。为此,阿明被认为是19世纪末、20世纪初埃及女性主义运动的"旗手"。②

第三节 西方女性主义在埃及的传播

一般认为,女性主义起源于中世纪的西方。在长达几个世纪的时间里,女性主义启蒙运动是在宗教的框架下进行的,有的甚至使用了宗教术语为女权辩护。直到17、18世纪,英国、法国等国家爆发了资产阶级革命,世俗女性主义运动才真正走上舞台,因此学界一般认为女性主义运动是资产阶级革命的副产品。1791年,在大革命时期的法国,著名女性主义活动家奥兰普·德古热(Olympe de Gouges)发表了《妇女和女性公民权利宣言》,被认为是西方世俗女性主义的开端。19世纪,女性主义渐渐转变为组织性的社会运动,以及由此产生的思想和文化领域的革命,旨在消除性别歧视,结束对女性的压迫。

就在德古热发表《宣言》半个世纪后,埃及阿里王朝的缔造者穆罕默

---

① 涂龙德、周华:《伊斯兰激进组织》,时事出版社2010年版,第72—73页。
② 萨夫尔·本·阿卜杜勒·拉赫曼:"解放女性之宣传——诞生与发展",www. alhawali. com/index. cfm? method = home. subcontent@ contentID = 1509。

德·阿里向法国派遣了留学生代表团，意在学习西方的科技知识，服务于王朝的振兴。这批人学成回国后，被安排在王朝各界重要的岗位上，他们不仅带回了西方的科技知识，同时也带回了包括女性主义在内的西方新思维。"海归"的光环为他们推动埃及社会的变革凝聚了巨大的号召力。在他们当中就有前文提到的埃及传播女性主义"第一人"里法阿·塔哈塔维。因此，说起西方女性主义在埃及的传播，追根溯源，还得从阿里王朝认识到本民族的落后，锐意改革，主动"向西看"说起。

塔哈塔维在法国留学近5年期间，撰写了《巴黎流金岁月》一书，首次传播了女性接受教育、限制多妻制和离婚、男女交际等女性主义理念，对于后资产阶级革命的法国社会多有溢美之词。他指出，"两性之间自由交际以及女性摘除面纱并非倡导腐化堕落"，"欧洲式的交际舞与淫荡毫无关系，它是一种优雅，一种魅力"。[①]《巴黎流金岁月》得到了穆罕默德·阿里帕夏的高度赞赏，他亲自下令出版发行，并在政府部门、学校分发，短时期内便引起了埃及社会的巨大反响。之后，穆罕默德·阿里还下令将此书翻译成土耳其文，以便于在更广的范围内传播。1872年，就在阿里王朝开办第一家女子学校的前夕，官方又责成塔哈塔维撰写了《少男少女指南》一书，用以指导女子的品行与学习。该书的出版与发行，使塔哈塔维作为一名宗教改良派人士对西方女性主义的理解更加深入人心。

1882年，埃及在英埃战争中战败，沦为英国的殖民地。英国向埃及派遣总领事贝林（又译"巴林"或"克鲁默勋爵"，Lord Cromer, Evelyn Baring，1841—1917年），开启了英殖民者对埃及的独裁统治。贝林是名犹太人，他名义上是埃及总领事，实际上却主宰了埃及的事务，在埃及任职长达20多年（1882—1906年），被认为是倡导埃及乃至整个伊斯兰世界西化、世俗化的鼻祖之一。为了巩固英国的殖民统治，贝林积极推行文化殖民，其中女性问题是贝林利用的抓手之一，也是西方殖民者改造埃及社会

---

① 里法阿·塔哈塔维：《巴黎流金岁月》，埃及图书总局1993年版，第305页。

的突破口。贝林认为，埃及和伊斯兰世界的女性问题是这些国家"个人和思想水平提升的致命问题"，解决这一问题的有效途径是"必须引进欧洲文明"。① 为此，贝林公开倡导埃及全社会谈论女性主义的相关命题，如"（按照西方模式）教育女性会否对男性的行为产生积极、正面的影响""女性教育是否会导致社会道德水平的滑坡"等等。贝林还指出，如果不能提高女性的整体素质，那么埃及的社会改革就不可能取得预期的积极成果。② 在英殖民者台前幕后的积极推动下，西方女性主义思想在埃及得以快速传播。

1894年，在埃及沦为英国的殖民地12年以后，贝林的心腹、律师兼作家的埃及基督教著名人士马尔卡萨·法哈米出版了《东方女性》一书，矛头直指伊斯兰教，在伊斯兰教女性史上首次公开倡议实现五大目标，即"消灭伊斯兰面纱""允许穆斯林女性与外国人交往""限制离婚并由法官作出离婚判决""禁止多妻制"和"允许穆斯林女性与科普特基督教徒通婚"等。在埃及当时的传统社会里，法哈米的上述倡议犹如重磅炸弹般引起巨大的震撼。紧接着，法国人德拉库尔在1893年秋3次访问埃及，随后撰写出版了有关埃及女性问题的《埃及人》一书，为女性问题在埃及社会的争论"火上浇油"。《埃及人》把埃及女性当时的遭遇直接归罪于埃及男权社会体制，矛头同样直指伊斯兰教和女性面纱问题，认为是宗教和男权主义把埃及女性禁锢在家中"相夫教子"。《埃及人》还指责埃及知识界男性对女性的境遇麻木不仁、保持缄默和缺乏仗义执言的勇气。

在英殖民者的推动下，以塔哈塔维、法哈米、德拉库尔等人为代言人的西方女性主义理论在埃及上流社会和知识界广泛传播，女性问题逐渐成为19世纪末、20世纪初埃及社会一个最引人注目的议题之一，西方女性

---

① 莱依拉·阿布·拉格德，《女性主义运动及其在中东地区的发展》，开罗图书总局1997年版，第136—137页。
② 同上书，第139—140页。

主义理论一时成为埃及上流社会沙龙的时髦话题。在形形色色、层次参差的沙龙中，娜兹莉王后组织的家庭沙龙在传播西方女性主义理论方面发挥了尤为重要的作用。娜兹莉（1894—1978年）是埃及阿里王朝福阿德一世国王（1868—1936年）的第二任妻子、埃及末代国王法鲁克国王的生母。娜兹莉的父亲阿卜杜勒·拉赫曼·萨布里原是埃及曼努菲亚地方长官，女儿嫁给福阿德一世后，父因女贵，他升任埃及农业大臣。娜兹莉的外公则是一名随拿破仑入侵埃及的法国军官，法军撤退时留在了埃及。因此，娜兹莉身上流淌着四分之一的法国血统，她年轻、貌美、精力充沛，虽然嫁给了年长26岁的福阿德国王，成为埃及的"国母"，但骨子里对西方女性的自由充满天然的憧憬和向往，追求西式生活，酷爱摄影，并经常组织沙龙。据称，英国总领事贝林、伊斯兰复兴运动思想家穆罕默德·阿卜杜、女性主义运动"旗手"卡西姆·阿明以及曾在福阿德一世时期出任过王国首相等要职、后转变为谋求埃及独立的萨阿德·扎格卢勒等当时埃及社会的上层名流，经常是娜兹莉家庭沙龙的座上宾。在埃及历史上，娜兹莉王后是一个有争议的人物。在向往女性自由、追求女性幸福的阿拉伯人心目中，她是一位"女神"级的人物，是大家争相效仿的楷模。而在更多普罗大众和宗教人士的眼中，娜兹莉则是一位不守妇道、离经叛道的女性，特别是在福阿德国王去世后，刚过40岁的娜兹莉风韵犹存，绯闻缠身，长年旅居海外，不愿回到埃及故土，晚年甚至背弃了伊斯兰教，皈依基督教。尽管如此，埃及女性主义研究学者对于娜兹莉王后推动西方女性主义在埃及的传播与发展所起的作用，仍有比较公认的共识。在娜兹莉王后家庭沙龙的熏陶下，宗教层面，穆罕默德·阿卜杜作为伊斯兰复兴运动的著名思想家，十分关注女性问题，致力于在宗教框架下改善埃及女性的地位；思想层面，卡西姆·阿明发表了惊世骇俗的《解放女性》和《新女性》两本女性问题著作，向埃及社会大力推介西方女性主义理论，他本人因此被推崇为埃及女性主义运动的"旗手"。而在这之前，卡西姆·阿明在娜兹莉王后家庭沙龙的影响下，经历了对女性问题脱胎换骨式的转变。1894年，年轻气盛的卡西姆·阿明曾用法文撰写《埃及人》一书，与德拉库尔的《埃及人》针锋相对，为埃及的男权社会和伊斯兰教相关教义辩护。政治层面，萨阿德·扎格卢勒在1919年埃及独立革命中，为推动埃及的女性主义运动做出了杰出的贡献。

类似于娜兹莉王后的家庭沙龙当时在埃及上流社会是比较普遍流行的现象。而对于传播女性主义思潮做出比较突出贡献的家庭沙龙，还有被埃及人誉为"国母"的索菲亚·扎格卢勒的家庭沙龙以及旅居埃及的黎巴嫩女作家梅·齐亚德举办的家庭沙龙等。与娜兹莉的家庭沙龙类似，女主人显赫的社会地位、出色的组织能力、成熟的个人魅力、西式的社交聚会等特点，引发了一大批男性知识界、政界、商界的头面人物以及在埃西方人的参与热情，家庭沙龙成了来宾们讨论问题和社会交往的理想场所。这其中当然离不开当时社会炙手可热的女性话题，对于埃及上流社会传播西方女性主义思想无疑起到了重要的促进作用。

除了通过埃及政界、思想界、知识界精英传播西方女性主义理论，女性出版物和女性教育也在埃及女性主义思潮的兴起中发挥了独特作用，而且相对于精英传播，后者面向大众的传播渠道和传播方式范围更广，影响更大。

1892年，辛德·努维尔主持出版了埃及现代史上第一本女性杂志《女孩》，介绍西方女性主义思想。努维尔家族是从沙姆地区移居埃及的希腊东正教徒，她本人早年毕业于埃及亚历山大的一所修道院学校。1896年6月，由鲁依萨·哈卜林主持编写的第二本埃及女性杂志《天堂》面世，哈卜林家族同样是从沙姆地区移居埃及的。同年11月，半月刊《靓女》问世，迫于社会传统压力，该期刊的主人萨利姆·萨尔基斯在期刊上使用的是化名"玛丽亚·马兹哈尔"。[①] 1898年，亚历桑德拉·艾菲里努出版了

---

① 哈利德·阿布·福图："埃及女性主义运动之教训"，http：//alarabnews. com/alshaab/GIF/25-20-2002/b12. htm。

月刊《女伴》，艾菲里努家族也是来自贝鲁特的希腊东正教徒，她本人毕业于埃及亚历山大的一所修道院学校，英国籍，是埃及历史上著名的女性主义活动家，曾定期举办家庭沙龙，传播西方女性主义思想，并曾代表埃及女性出席了1900年在巴黎举行的世界妇女和平大会。1899年，同样来自贝鲁特的犹太人伊斯特尔·艾资哈里·穆娅尔出版了半月刊《家庭》，穆娅尔的丈夫是个无神论者，她本人还承担着一家由伊斯兰慈善机构创办的一所女子学校的管理工作。

20世纪初，特别是在卡西姆·阿明的两本女性主义檄文式的著作发表以后，埃及社会各界对女性问题的关注与争议迅速升温，随之出现了一批穆斯林女性刊物，如1900年出版的半月刊《伊斯兰教中的女性》、1991年出版的半月刊《女性》、月刊《夏吉拉·朵儿》①、1902年发行的《花儿》和《幸福》、1903年发行的《模特》和《女士和女孩》等等，这些期刊杂志都以女性为题材，在传播女性主义思想方面发挥了积极作用。1906年，著名埃及女性主义活动家拉比芭·哈希姆主持出版发行了月刊《东方女性》，这本月刊据称是埃及历史上生存时间最长的女性期刊，连续发行30年，从未间断。拉比芭·哈希姆祖籍贝鲁特，信奉基督教马龙派，幼年曾就读于美国和英国传教士在埃及创办的学校，其丈夫是埃及历史上著名的无神论者阿卜杜·哈希姆。拉比芭依托《东方女性》这本期刊作为平台，积极参与组建多个埃及女性社团，有生之年足迹遍布埃及和叙利亚全境，四处发表演讲，宣扬女性主义理论思想。

在埃及1919革命前夕，女性期刊的出版与发行达到了一个高潮，如1907年发行的《芳香》、1908年发行的《温柔女性》、1910年发行的《贞操》、1913年发行的《尼罗河女孩》等。在上述期刊杂志中，埃及女性主

---

① 夏吉拉·朵儿，据传为亚美尼亚人，原为埃及阿尤布王朝第七任苏丹萨利赫·阿尤布收买的一名女奴，后得到苏丹的宠幸，与之相爱并结婚，成为王后。1249年11月22日，阿尤布苏丹逝世时，由法国路易九世率领的十字军兵临埃及城下，在民族存亡之际，夏吉拉·朵儿临危不乱，挺身而出，替先夫临时执掌埃及朝政80天，成功击退了十字军对埃及的侵略——译者注。

义研究者大多认为它们是"世俗的",或"对伊斯兰抱有偏见"的,甚至"有意诋毁伊斯兰的"。只有《芳香》杂志才为伊斯兰价值观进行辩护,认为伊斯兰能够为改善女性境遇"找到合适的出路",而倡导世俗化与现代化的势力不应该以这样或那样的方式"垄断埃及社会的女性主义思潮"。

女性受教育一直是中世纪西方女性追求的权利之一,也是西方女性主义运动的重要成果之一。女性受教育被认为是维护女性权利的基础,没有受教育的权利,女性就不可能实现与男性的真正平等。在奥斯曼帝国治下的埃及,女性几乎被剥夺了一切权利,只有极少数10岁前的小女孩有机会识文断字。10岁以后的女性,当时被完全剥夺了受教育的权利,被关在家中,等待为人妻、为人母,在那狭小的圈子里度过一生。因此,女性教育在埃及的出现并普及,对颠覆传统女性观念以及促进西方女性主义思想的传播,起到了至关重要的作用。

埃及的女性教育经历了上行下效、逐渐普及的一个漫长过程,其"第一人"要追溯到穆罕默德·阿里帕夏。这位开创了埃及独立历史的伟人,不仅派遣学生前往西方世界留学,而且聘请西方老师进入埃及王宫,教授王室女性科学文化知识。1835年,一位名叫利兹的英国传教士在埃及创办了第一所外国女子学校。随后,天主教修女和法国修女先后于1846年和1859年在开罗创办了女子修道院学校。1860年,一位名叫沃特莉的女士在开罗创办了一所世俗女子学校,经过10年的不懈努力,这所学校吸引了大批埃及女性前往求学。1868年和1872年,法国修女又在开罗以外的布拉克和曼苏尔分别建立了女子学校。

为了抵御西方人通过创办女子学校在埃及传教的势头,埃及科普特教会于1853年在开罗的两个城区分别创办了科普特人女子学校。同样,埃及犹太人也在1840年前后在开罗和亚历山大等地创办犹太女子学校,接收犹太女性学生。直到1872年,埃及才建立了第一所不带宗教和种族色彩的女子学校,即开罗萨尤菲耶女子学校,但是这所学校主要吸收王公大臣及其仆人的女性后代,并未向普通大众开放。随后,1901年成立了埃及伊斯兰女子教育协会,由富商巨贾捐资办学,致力于普及女性教育,为穷人家庭的女孩提供免费学习的机会。虽然这些学校带有比较鲜明的伊斯兰色彩,但其教学内容和教学大纲的伊斯兰属性却仍然非常令人怀疑,有的伊斯兰女子学校甚至委托犹太人或西方人管理。另外,伊斯兰女子学校由于成立时间晚、师资力量弱、生源参差不齐等原因,在当时的埃及女子教育竞争中处于弱势地位,有钱、有权、有门路的家庭更愿意把孩子送往外国人创办的学校读书,以便他们"尽早接触先进文明,从道德、习惯、思维等方面与西方接轨"。①

随着各类女子学校的创办,埃及社会舆论也从反对女性教育逐渐接受女性教育。1898年,英国驻埃及总领事贝林写道:"尽管进展缓慢,但是,女性教育再也不像前几年那样被埃及人漠不关心了。"两年后,他又记载说:"过去几年中,埃及大众舆论对女性教育问题认知的变化值得关注。"1904年,贝林认为,女性教育问题在埃及已经"完全改变了"。②

一方面是埃及民众对女性教育观念的转变,另一方面是官方在女性教育方面的不作为,投入极其可怜,这为西方传播自己的价值观提供了广阔的空间。据统计,1892年,西方传教士在埃及创办的学校达50余所,教师达360多人,学生达9000余人。而同时期埃及官办学校仅3所,教师10余人,学生只有242人。随着女性教育的普及,埃及女性穆斯林接受教育的比例也发生了巨大变化。19世纪90年代初期,外国教会学校还很难见到穆斯林女性学生,但是20年后,在埃外国教会学校的穆斯林女性学生比例达到了30%。③ 这些女性毕业生被认为是推动埃及女性主义思潮发展的

---

① 阿卜杜勒·拉赫曼·阿尤布:《阿拉伯国家西方与伊斯兰思维互动》,麦德布利书局2001年版,第206页。
② 哈利德·阿卜杜勒·穆赫辛:《女性主义运动及其在中东的发展》,麦德布利书局2001年版,第136—137页。
③ 哈利德·阿布·福图:"埃及女性主义运动之教训",http://alarabnews.com/alshaab/GIF/25-20-2002/b12.htm。

中间力量。埃及学者拉乌夫·阿巴斯·艾哈迈德指出:"20 世纪初埃及女性文化精英普遍信奉女性主义,认为她们有权接受教育,应该在社会建设中发挥她们应有的作用。"[①]

[①] 拉乌夫·阿巴斯·艾哈迈德:《埃及女性复兴》,埃及文化与新闻出版社 1997 年版,第 24 页。

第二章 女性主义在埃及的"本土化"及其流派

"本土化"原指跨国公司将生产、营销、管理、人事等经营诸方面全方位融入东道国经济中的过程，也是着实承担在东道国的公民责任，并将企业文化融入和植根于当地文化模式的过程。因此，"本土化"与"全球化"其实是一个硬币的正反两面，对于东道国来说是"本土化"的过程，对于母国来说则是一个"全球化"的过程。本书借用"本土化"这个概念来阐述西方女性主义思想渗透埃及社会的过程，以及由此产生的东西方文明和价值观的激烈碰撞。女性主义起源于西方，对埃及社会来说始终是个"舶来品"，接受者有之，反对者有之，似是而非者更是大有人在。作为意识形态领域的"舶来品"，西方女性主义在埃及的"本土化"过程注定十分艰难，它比跨国公司的"本土化"更复杂、更曲折、更具争议。不少埃及思想界、理论界人士把西方女性主义在埃及的传播看做是西方文明入侵伊斯兰文明的一个突破口，由此引发西方女性主义与伊斯兰价值观的激烈冲突也就在所难免。可以说，西方女性主义的伊斯兰化是女性主义在埃及"本土化"的重要标志。

第一节　女性主义在埃及"本土化"的两个重要时期

历史上，埃及理论界、思想界对于女性地位低下的原因众说纷纭，仁者见仁，智者见智。归纳起来，这些不同看法把女性地位低下的原因归结为政治独裁、男权社会、落后的传统习俗、宗教僵化以及社会经济结构落后等几个方面。在19世纪末至20世纪初，女性社会地位低下以及女性复兴已经逐渐成为一种社会共识，但是问题在于如何实现埃及女性的复兴呢？究竟是通过回归伊斯兰教法来实现女性复兴，还是通过"一切向西看"的西化方式以西方世俗女性主义理论作为指导呢？对于这个问题的回答，触碰到了女性主义在埃及"本土化"的实质。

通过回顾女性主义思潮在埃及兴起的内因、外因以及西方女性主义在这个国家的传播，我们可以得知，从19世纪中叶起，埃及便开启了西化、世俗化和现代化的进程，埃及人学会了用现代科学知识充实头脑，与西方文明进行融合，引进西方科技服务于民族的振兴，但随之渗透的西方价值观、生活方式等对埃及传统社会形成了巨大的冲击。知识界人士开始关注女性问题，认识到女性在社会进步中的作用，对于"女子无才便是德"的传统观念产生了质疑。在他们看来，无知女性的表现形同傻子，与男性说话时吞吞吐吐，商贩们可以把棉花当成丝绸、把黄铜当成黄金卖给她们，欺骗她们。因此，埃及理论界、知识界人士开始思考女性问题，呼吁进行社会改革，改善女性的社会地位。当然，这些人不敢大张旗鼓地说出他们心中的想法，因为担心自己会因此与舆论界和主流社会为敌。

前文提到的里法阿·塔哈塔维是从宗教角度开始重视女性的"第一人"，也被认为是在埃及传统社会中宣扬提高女性社会地位的第一批"吃螃蟹"的人中的佼佼者，他在西方女性主义"本土化"的过程中充当了先驱和启蒙的角色。塔哈塔维以其爱资哈尔大学深厚的知识背景，从宗教角度审视西方的妇女状况，用伊斯兰价值观研究、评判法国女性，认为巴黎女性最大的优势在于她们"爱好知识""喜欢研究事物的奥秘"。① 塔哈塔维认为，西方男性是女性的奴隶，不管女性是否美丽。而一些西方人认为，女性在东方被认为是家中的摆设，而在西方她们就像被宠爱的孩子。西方人对女性的看法总是好的，尽管瑕不掩瑜，但女性本身仍存在这样或那样的不足。西方人，即便是西方的名人，如果发现妻子对自己不忠，他们一般不会选择与她们离婚，而只是不再理睬她们。塔哈塔维认为，西方女性"缺少贞操"，而西方男性也不捍卫一些伊斯兰教认为应该捍卫的原则，例如"交友、调情、异性追求"等。② 从这里我们可以发现，伊斯兰道德价值规范是塔哈塔维对欧洲女性的评判标准，认为阿拉伯穆斯林女性应该取其所长，去其糟粕，强调女性应该遵守"贞洁""正直""戴面纱""服从男性"等伊斯兰价值观。法塔赫拉作为穆罕默德·阿里王朝首批留学法国的埃及知识分子，长达5年的留学生涯为其"本土化"的女性观点做出了权威的注解。

1889年，面对西方女性主义思想的侵蚀和西方文化和生活方式的泛滥，祖籍突尼斯、年幼时便移民埃及亚历山大并在那里成为现代阿拉伯语言学一代宗师的谢赫哈姆扎·法塔赫拉，应当时埃及首相的请求，撰写了《浅谈女性在伊斯兰教中的权利》一书，其目的是为了阐释伊斯兰教法对女性的看法，驳斥一些西方人认为女性在伊斯兰教法中"与家畜无异的看法"。③ 哈姆扎·法塔赫拉在此书中认为，"伊斯兰教是最尊重女性的宗教，而西方妇女直到19世纪才得到应有的尊重"，"伊斯兰教早在13个世纪

---

① 里法阿·塔哈塔维:《巴黎流金岁月》，埃及图书总局1993年版，第168页。
② 同上书，第153页。
③ 哈姆扎·法塔赫拉:《浅谈女性在伊斯兰教中的权利》，布拉克阿米里亚出版社1889年版，第5页，转引自《现代阿拉伯思潮中的女性:时代论战述评》。

前，就给予了女性一些西方社会直到现在才给予女性的权利"。①

卡西姆·阿明被奉为埃及女性主义的"旗手"，关键得益于他在女性主义"本土化"过程中的角色转换，即从一个伊斯兰价值观的维护者、复古主义者转变为"女性解放"的公开倡导者和某些人眼中的伊斯兰价值观的反叛者。为此，他得到了当时西方殖民统治者的大力赞赏，他们为他的相关书籍翻译成外语出资，并在伊斯兰世界传播发行。正如前面提到的，1894年，阿明曾用法语撰写了《埃及人》一书，对法国德拉库尔公爵所著的《埃及人》一书中有关对伊斯兰女性观的指责进行了针锋相对的回应，为伊斯兰、女性权利、面纱、一夫多妻等传统观念做辩护。毫无疑问，这一时期的阿明是一个复古主义者。当时，思想开放、追求西式生活的娜兹莉王后认为阿明的《埃及人》一书是针对她的，非常生气。后来，阿明在萨阿德·扎格卢勒的推荐下，开始参与娜兹莉举办的家庭沙龙，女主人的个人魅力彻底改变了阿明对女性问题的看法，使其转变为一位女性解放的积极倡导者。②

对于自身角色的大转换，阿明自己也有过解释，在他的一次纪念大会上，伊斯兰复兴运动理论家谢赫穆罕默德·拉希德·里达说："阿明曾告诉我，当他第一次看到德拉库尔公爵关于埃及女性状况的文章时，他认为那是一种批评和丑化，于是以激愤的心情对其进行了反驳。但是，当愤怒平息、理性回归后，公爵的文章促使他开始研究女性问题，而研究的结果是他开始提倡解放女性。"③

其实，如果将卡西姆·阿明的两种角色割裂开来，甚至将其对女性问题的立场转变归结于娜兹莉王后家庭沙龙的功劳，未免有些肤浅和牵强。阿明虽然明确提出了"解放女性"的概念，这有别于当时埃及社会主流思

---

① 哈姆扎·法塔赫拉：《浅谈女性在伊斯兰教中的权利》，布拉克阿米里亚出版社1889年版，第64页，转引自《现代阿拉伯思潮中的女性：时代论战述评》。
② 胡黛·沙阿拉维：《备忘录》，新月出版社2001年版，第400页。
③ 梅·齐亚德：《大漠追寻者》，新月出版社1999年版，第144页。

想界认同的"女性复兴",即在伊斯兰的框架下实现女性复兴,拒绝用西方世俗女性主义这个"药方"来治东方女性的"疾病"。但是,自始至终,阿明在倡导"女性解放"的同时,并未脱离伊斯兰的轨道,而是试图用伊斯兰价值观重新构建西方女性主义理论,这点在他作为"旗手"的两本著作中都有明确的反映。例如,阿明在《新女性》中强调,穆斯林女性的落后"并不是因为伊斯兰教","把穆斯林在现代化上的落后归因于伊斯兰教是错误的,伊斯兰教本是提倡理性、实践与奋斗的宗教,谁说伊斯兰教阻碍了穆斯林的进步?穆斯林已经证明了他们的宗教是进步的最重要因素"。[1] 与此同时,阿明认为倡导解放女性也是有伊斯兰教法依据的,"因为知晓伊斯兰教法的人都知道,女性解放是最宝贵的教法之一,这些教法是值得女性为之自豪的,因为它早在12个世纪前就给予了女性西方女性直到今天才获得的权利,甚至某些权利西方女性至今仍未获得,她们仍在要求获得这些权利"。[2] 因此,阿明认为,"伊斯兰教法并不是导致穆斯林女性衰败的原因,而与此正相反,伊斯兰教法使女性获得了社会地位"。[3]

因此,埃及女性主义活动家胡黛·沙阿拉维认为,卡西姆·阿明前后两个思想时期之间并不存在矛盾。她说:"卡西姆·阿明的批评者们驳斥他时,使用最多的武器就是他们认为卡西姆·阿明在《埃及人》中的观点和他后来的《解放女性》和《新女性》这两本书中的观点自相矛盾,称他在《埃及人》中捍卫传统习俗,但在后两本书中又呼吁解放妇女,打破枷锁。这些人没有明白,在第一本书中,卡西姆是被改革的因素和对自己国家极度的忠诚所推动着,对复兴所需要的东西进行了深入的思考和仔细的研究。因此,他在做出那些回应时,就像一个骄傲的男人,如果他的自尊

---

[1] 卡西姆·阿明:《新女性》,埃及最高文化委员会1999年版,第58—59页。
[2] 同上书,第80页。
[3] 卡西姆·阿明:《解放女性》,埃及图书总署1993年版,第26页。

被言语所中伤，他的骄傲会迫使他捍卫自己的尊严，但等他平复心情、回归理智后，他会开始寻找真相，如果发现问题，他会努力纠正。"① 而另一位旅居埃及的黎巴嫩女性主义作家梅·齐亚德也认为，"卡西姆·阿明的观点没有被正确理解，而是被错误解释了"。② 由此可以看出，作为倡导女性解放的"旗手"，同时也是伊斯兰复兴运动著名理论家穆罕默德·阿卜杜的学生，卡西姆·阿明并不赞同在解决女性问题上全盘"西化"和世俗化，而是努力寻求西方女性主义思想与伊斯兰教价值观的结合点，试图让伊斯兰价值观为我所用，精心包装其女性主义理论。从这一点来说，卡西姆·阿明不愧为女性主义在埃及"本土化"的一代宗师。

卡西姆·阿明《解放女性》和《新女性》的出版发行，犹如在传统的埃及社会引爆了两枚核弹。对于这两本书的争议，时至今日仍余音绕梁，不绝于耳。这种争议客观上引起了埃及社会对女性问题的关注，推动了埃及女性主义思潮的兴起，加快了女性主义在埃及"本土化"的进程。在当时为数不多的支持者中，就有艾哈迈德·卢特菲·赛义德（1872—1963年），他是埃及的思想家和哲学家，是埃及振兴和启蒙运动的先驱者之一。艾哈迈德·卢特菲·赛义德认为，卡西姆·阿明所做的一切，其宗旨是为了打破妇女身上的宗教枷锁，而宗教是什么？"它远比人们所想象的要更加包容"。③ 艾哈迈德·卢特菲·赛义德不认为"解放女性"源自西方思想，认为"一些人说卡西姆·阿明所宣扬的解放女性思想是西方思想，西方希望通过宣传这种思想，以便他们插手埃及事务，这样说真是夸大其词了"，"这样的指责仅仅是卡西姆·阿明的仇家和政敌的诽谤中伤罢了"。④

---

① 胡黛·沙阿拉维：《备忘录》，新月出版社2001年版，第397页。
② 梅·齐亚德：《言语与手势》，卷二，新月书局1999年版，第114页。
③ 艾哈迈德·卢特菲·赛义德：《女性选民》，卷一，埃及安格鲁书局2006年版，第5页。
④ 同上书，第6页。

第二节 西方女性主义与伊斯兰价值观的激烈碰撞

卡西姆的《解放女性》和《新女性》在当时的埃及引起了轩然大波，社会上对其提倡的女性解放观念褒贬不一，甚至可以说，当时相对传统的埃及社会对卡西姆的新式女性观念毁多誉少，而其中最强烈、最有影响力的批评声来自于埃及著名的经济学家塔拉特·哈尔卜（Talaat Harb, 1876—1940年）。此人堪称埃及"民族经济之父"，头顶"经济学家""参议院议员""埃及银行创始人"等荣誉光环，一生参与创建了许多埃及国字号企业，如埃及纺织品公司、埃及航空公司、埃及保险公司、埃及旅游公司、埃及电影公司等等。迄今为止，埃及首都开罗市中心仍保留了以塔拉特·哈尔卜的名字命名的广场，广场上矗立着他的铜像。为了批驳卡西姆·阿明的女性观，塔拉特·哈尔卜不仅经常在报刊杂志上撰文抨击卡西姆·阿明，而且著有《女性教育与面纱》一书，系统地反驳阿明所倡导的女性主义观点。塔拉特·哈尔卜位高权重，对埃及民族经济贡献巨大，这在客观上有助于他引导当时社会的舆论话语权。因此，他在女性主义问题上一些"去西化"和"守传统"的观点得到了社会各界的支持，甚至时至今日仍常被一些在女性主义问题上的保守派、顽固派们引用。

塔拉特·哈尔卜质疑卡西姆·阿明创作发表《解放女性》和《新女性》的动机，认为它们宣扬的是对伊斯兰宗教的背叛，而不仅仅是打破传统。他批判《解放女性》的"作者是为西方利益服务的"，"因为改革穆斯林女性现状的企图是潜藏在西方人内心的东西，西方人将这种思想宣传给每个与他们对话的东方文学家、科学家，你经常会在和他们辩论时，发现他们同情穆斯林妇女，为她们的境遇感到悲哀"，而"他们所说的话证明他们对于伊斯兰女性的状况和权利的无知"。因为许多东方的大家都有很多关于穆斯林女性的状况和她们根据《古兰经》和教法所享有的权利的著述，因此埃及的女性主义观念不应脱离自己的民族和宗教特色。① 塔拉特·哈尔卜号召埃及民众不要盲从西方思想，因为盲从西方会导致落后。他说："只有西方帮助我们，让我们认为他们的东西都是对的，他们的做法都无可挑剔，那我们就以这样的方式向他们投降了，我们就陷入了可怕的境地。我们的功绩被抹除，我们的名胜古迹被践踏，我们被无知蒙蔽双眼，我们陷入了自悲的境地。但是，我们对西方的阴谋应该有所了解，我们不应随意听他们的话，对他们的话我们要仔细审视，认真研究。"②

塔拉特·哈尔卜批评卡西姆·阿明和"所有被西方洗脑的人"，他认为这些人不是为自己的国家服务而是为殖民者服务。他指出，"你们觉得西方好的东西其实都是他们从我们东方拿去的"。他还说，西方人试图达到他们的目的，他们本来没有错，"错就错在那些沉迷于模仿西方的埃及人"。这些人"丑化他们自己的习俗，不思考如何改善本国的国情，而是向强大的外国人献媚，这些人始终致力于把外国人的思想强加于自己的同胞，厌恶那些自己民族中不同意他们的计划的人"。但是，如果仔细审视，大家会发现"那些他们认为属于西方的好的习俗和美德不都是西方人发明的，西方人从东方人和穆斯林身上学习了美德，反过来却把他们的糟粕留给了东方人"。③

作为对《新女性》的回击，塔拉特·哈尔卜还专门撰写了《将女性与面纱分开谈》一书，批评卡西姆·阿明盲从西方文明，他认为西方世俗的繁华诱惑了卡西姆·阿明。于是，他为西方文明著书立说，对其爱不释手，把西方的世俗化说成是"尽善尽美的"，认为埃及人只有走西方的道路，模仿他们所有的价值观和道德标准"才能崛起"。④ 塔拉特·哈尔卜指

---

① 塔拉特·哈尔卜：《女性教育与面纱》，图尔基出版社2001年版，第13—16页。
② 同上书，第101页。
③ 同上书，第5页。
④ 塔拉特·哈尔卜：《将女性与面纱分开谈》，图尔基出版社2001年版，第5页。

出，卡西姆·阿明提倡在女性教育问题上遵从西方模式，认为教育只有摘掉头巾、男女学生混合才能进行，必须"完全按照西方女性的教育模式进行"，而遵从西方导致埃及人抛弃了他所认为的"东方美德"。他说："我们东方的礼仪习俗过去一直被保留着，我们的荣耀一直被保护着，直到外国人侵略了我们，他们带来了那些西方的世俗名词，几乎消除了我们的礼仪。于是，我们不但没有朝着西方的现代化进步，反而远离了我们过去的美德，形成了倒退。"① 在批判卡西姆·阿明在女性问题上推崇世俗化和西化的同时，塔拉特·哈尔卜还认为，埃及社会改革必须遵从伊斯兰文明，因为伊斯兰文明是人类的"完美模式"，埃及人不应该一切"向西看"，因为西方文明在许多方面"存在缺陷"。因此，塔拉特·哈尔卜呼吁重新审视埃及的本土文明，"看看什么才是我们文明的根基"，"这样我们才能实现我们的目标"。②

塔拉特·哈尔卜在女性问题上的观点显然受到了他所处环境及其人生经历的影响，因此我们有必要对其生平做一简要的回顾。

1867年11月25日，塔拉特·哈尔卜生于贾迈利亚的卡斯尔·夏克，附近有著名的侯赛因清真寺，他接受的是传统教育，很小的时候就能通背《古兰经》。他天资聪颖，才华横溢，思维敏捷，但思想比较保守，尊崇祖辈传统，从骨子里拒绝西方文明、特别是西方文化的渗透。1885年8月，他毕业于赫迪维法律学校。1881年，年纪轻轻的塔拉特·哈尔卜经历了反对英殖民者傀儡政权赫迪维·陶菲克王朝的阿拉比革命。像那个时代所有的埃及青年一样，这次革命点燃了他内心深处的爱国主义火花。毕业后，塔拉特·哈尔卜从一名司法部门的普通翻译做起，历任财务司司长、诉讼办公室主管、司法部主任等职。1905年，塔拉特·哈尔卜调任考姆翁布公司总经理，其后与历任埃及首相谢里夫·萨布里帕夏、伊斯梅尔·萨迪基

---

① 塔拉特·哈尔卜：《将女性与面纱分开谈》，图尔基出版社2001年版，第37页。
② 塔拉特·哈尔卜：《女性教育与面纱》，图尔基出版社2001年版，第119页。

帕夏、穆罕默德·马哈茂德帕夏共事，并与埃及民族主义运动的重要人物阿巴斯·希尔密保持着密切联系。塔拉特·哈尔卜此后从埃及房地产公司入手，开始了一场实现埃及经济国有化和反对英国殖民统治的经济革命。1907年，塔拉特在报纸上撰文呼吁："我们要求完完全全的独立，我们要求埃及成为埃及人的埃及，这是所有埃及人的愿望。"① 1911年，塔拉特·哈尔卜在其《埃及经济对策与成立埃及银行》一书中提出了如何进行文化革新的思想和理论。1912年，塔拉特·哈尔卜又在其《苏伊士运河》一书中驳斥英法两国企图在1968年苏伊士运河99年的租借期满后再与埃及续签40年合同的阴谋。在塔拉特·哈尔卜的带领下，英法两国的殖民计划最终被挫败。1920年，塔拉特·哈尔卜终于成功地创办了埃及银行，并开始大规模投资国有企业，迈向了他人生的事业巅峰。埃及银行标志着埃及经济改革的开始，是摆脱英国殖民统治迈向自由的重要一步。

从塔拉特·哈尔卜的人生经历我们可以看出，他是一位爱国主义者，也是一位民族主义者，正是他对英国殖民者的仇恨，促使他对西方文明采取了消极立场，甚至攻击西方文明。他对卡西姆·阿明带有西方女性主义色彩的观点深感愤怒，认为后者的做法是服务于殖民者，试图改变女性身上体现出的伊斯兰特性，并呼吁回归阿拉伯传统，重构伊斯兰女性价值观。虽然塔拉特·哈尔卜在女性问题上的思想观点趋于保守，具有时代的局限性，但是从捍卫阿拉伯民族身份、抵御西方文化入侵的角度来说，也有其进步意义，客观上为女性主义的普世观念与埃及民族和宗教特色相结合，以及女性主义在埃及的"本土化"做出了自己的贡献。

事实上，正如前文所述，卡西姆·阿明的女性主义观点并未脱离伊斯兰教法的范畴，相反，他在许多问题上都称赞伊斯兰价值观。因此，谢赫阿卜杜勒·阿齐兹·巴沙利在一次纪念卡西姆·阿明的活动中说，卡西姆

---

① 塔拉特·哈尔卜词条，维基百科。

在解放女性方面"不是个无神论者",他的观点是"建立在宗教基础上的"。①

塔拉特·哈尔卜有的女性观深受伊斯兰宗教势力的影响,其代表人物有19世纪末20世纪初埃及伊斯兰思想家穆罕默德·法里德·瓦吉迪和谢赫穆罕默德·拉希德·里达等人。他们拒绝西方女性主义有关"解放女性"的说法,提倡"女性复兴",认为女性主义运动在伊斯兰历史上早就有之,应该在伊斯兰框架下重新审视女性问题。瓦吉迪在其《穆斯林女性》一书中回应卡西姆·阿明时呼吁不要走西方道路,特别是在女性问题上。他说:"我们反对复制任何一个其他民族的方法来处理我们自己的任何一个问题,特别是女性的问题。"②而谢赫穆罕默德·拉希德·里达(Muhammad Rashid Rida)则在《灯塔》杂志发表了一篇题为《婚姻生活》的文章,塔拉特把这篇文章收录在他《女性教育与面纱》这本书的第二版中。在这篇文章中,他认为,东方国家被西方文明环视着,于是东方的道德、习俗和信仰都发生了地震,西方道德取代了东方道德,这些国家是"最悲惨的真主国家","离幸福婚姻生活最远"。他强调,宗教是文明和人类礼仪的精神,"这种精神是婚姻生活的根本"。③

另外,女性主义在埃及"本土化"的过程中也出现了一批世俗女性主义的倡导者,他们不仅支持卡西姆·阿明有关"解放女性"的观点,而且呼吁在女性问题上"去宗教化""世俗化"。需要指出的是,这些人在埃及社会是"极少数",他们的观点往往因违背伊斯兰价值观而不被埃及主流社会所接受。在这方面,埃及大哲学家曼苏尔·法赫米(1886—1959年)堪称鼓吹女性主义世俗化的代表人物。曼苏尔·法赫米1913年在法国索邦

---

① 胡黛·沙阿拉维:《备忘录》,新月出版社2001年版,第400—401页。
② 穆罕默德·法里德·瓦吉迪:《穆斯林女性》,图尔基出版社2001年版,第5页。
③ 穆罕默德·拉希德·里达:《婚姻生活》,转引自塔拉特·哈尔卜:《女性教育与面纱》,图尔基出版社2001年版,第154页。

学院①获得博士学位,其博士论文题目是《伊斯兰中的女性状况》,这篇论文在20世纪晚期被翻译为阿拉伯语,题为《伊斯兰中的女性状况》,论文的内容被认为"实实在在地侵犯了伊斯兰和先知"。②

曼苏尔·法赫米在上述论文中指出:"阿拉伯古代妇女是美丽的,因为她们的作用是积极有效的。而之后伊斯兰带来了各种各样的机制和神权政治,以及其所产生的后果。就这样,女性运动瘫痪了。"③他指出,宗教是导致女性状况恶化的原因之一,"宗教是许多原因中的一个,但不是重要原因","先知穆罕默德想要保护女性,但伊斯兰教却使女性衰败","到了伊斯兰以后,女性服从了安拉,公正的安拉却把女性描述为自卑的。伊斯兰之前和之后,女性是不一样的,之前女性有社会作用,而之后则只在家庭中发挥有限的作用"。④他指出,"理论上先知穆罕默德是想要提高女性的地位,但伊斯兰却与先知的意愿相反,伊斯兰降低了女性的地位。伊斯兰确实保护女性免受男性对她们的利用和不公,但伊斯兰使得女性与社会的交流变得极其困难,为了保护女性,伊斯兰剥夺了女性的交流途径"。⑤而一夫多妻、贵族阶层、神性政治、父权制等,这些因素都"加剧了女性地位的衰弱"。⑥

有人认为,曼苏尔的女性观受到了其博士生导师很深的影响。他的博士生导师是法国社会学家利维布里尔(1857—1938年),是被誉为"社会学之父"、实证主义的创始人奥古斯特·孔德的学生,而实证主义认为宗

---

① 索邦学院(法语:Collège de Sorbonne)为巴黎大学前身,在巴黎大学成立后,变成巴黎大学中的一个学院,"索邦"亦成为巴黎大学的代名词——作者注。
② 艾哈迈德·穆罕默德·萨利姆:《现代阿拉伯思潮中的女性:时代论战述评》,埃及书局2011年版,第57页。
③ 曼苏尔·法赫米:《伊斯兰中的女性状况》,阿勒马尼亚出版社1997年版,第11—12页。
④ 同上书,第138页。
⑤ 同上书,第15页。
⑥ 同上书,第18页。

教思想是人类社会落后的主要原因之一。[1]

第三节 社会变革对女性主义"本土化"的促进作用

女性主义在埃及"本土化"的过程中，也涌现出一批女性学者，她们著书立说，为同胞们争取权利而呐喊，并且引领了20世纪初埃及轰轰烈烈的女性主义运动。如果说里法阿·塔哈塔维、卡西姆·阿明、艾哈迈德·卢特菲·赛义德等人的女性主义只是停留在纸上谈兵层面的话，传播女性主义思想的埃及女性学者则把它落到了实处。这其中，社会变革对女性主义在埃及的"本土化"产生了极大的促进作用，尤其是埃及1919年革命和土耳其凯末尔革命这两起事件，对女性主义思潮的影响最为深远。

旅居埃及亚历山大的黎巴嫩女性文学家宰娜卜·法瓦兹（1844—1918年）是与卡西姆·阿明几乎同时代的女性主义学者。与卡西姆·阿明所倡导的"女性解放"不同的是，宰娜卜·法瓦兹拒绝在女性问题上全盘"西化"，倡导"取其精华，去其糟粕"，显得更为理性，更能为当时社会所接受。她说："我们作为穆斯林女性模仿西方女性是不适合的，更不用说伊斯兰教对我们的规定。我们本能的直觉不允许我们试图模仿西方。"[2] 尽管宰娜卜·法瓦兹反对模仿西方文明，但她强调必须向西方学习知识，"因为人类天生就不能每个人独占自己所知道的知识，满足于自己的知识，不与人分享，不为别人牺牲自己。否则知识如何增长？文明如何传播？"[3] 更为突出的是，宰娜卜·法瓦兹明确否认伊斯兰是导致阿拉伯和其他伊斯兰民族衰败的原因，认为伊斯兰历史上建立了自己的伟大文明，并对西方文

---

[1] 艾哈迈德·穆罕默德·萨利姆：《现代阿拉伯思潮中的女性：时代论战述评》，埃及书局2011年版，第59页。
[2] 宰娜卜·法瓦兹：《宰娜白信札》，穆特瓦西塔书局1999年版，第39页。
[3] 同上书，第121页。

明的崛起产生过积极作用。她说:"人们认为伊斯兰民族的衰败和不文明是因为这个民族的人民是穆斯林,绝不是这样的。他们的看法是错误的。要知道西方世界是通过伊斯兰的传统才实现了文明和进步。曾几何时,伊斯兰在享受文明与幸福的时候,欧洲还徘徊于野蛮的黑暗之中。"[1]

自称"大漠追寻者"的埃及女性文学家马利克·哈夫尼·纳斯夫(Malek Hafni Nasif, 1886—1918 年),在对西方文明的立场上几乎和宰娜卜·法瓦兹一致,两人都认为有必要选择性接受西方事物。马利克·哈夫尼·纳斯夫说:"我呼吁作家、学者要思考找到一种适合我们国家国情的现代化,这种现代化不能阻碍我们采摘现代文明的果实","因为我们如果什么事情都跟随西方,就将扼杀我们的现代化,而一个没有现代化的民族是弱小的,不可避免地要遭到蹂躏"。[2] 马利克·哈夫尼·纳斯夫批评当年埃及社会中模仿西方文明的模式,称"一些位高权重的人告诉我他们让女儿学习西方舞蹈和表演,这两样东西中最好的方面也是苦涩的,而最坏的方面简直就是可恶的极端,是拼命模仿西方人。因为习惯不应该被改变,除非是有害的习惯。我们的民族只有在看到西方模式的益处和必要性时,才会接受西方模式"。[3] 为此,马利克·哈夫尼·纳斯夫强调:"我们应该从西方学习符合伊斯兰教法和东方礼仪风俗的东西,我们落后的一个证据就是我们很多人开始模仿西方女性,无论那些东西是否符合伊斯兰教法和东方的习俗。"[4]

1918 年马利克·哈夫尼·纳斯夫去世后,埃及爆发了规模宏大的 1919 年革命。在这场由萨阿德·扎格卢勒领导的革命中,为了反对英国的控制、占领,实现国家独立,建立议会制,全国各阶层民众,无论是男性还是女性,都积极投身于这场伟大的革命洪流,沉重地打击了英殖民主义势

---

[1] 宰娜卜·法瓦兹:《宰娜白信札》,穆特瓦西塔书局 1999 年版,第 208—209 页。
[2] 马利克·哈夫尼·纳斯夫:《女性》,胡达书局 1996 年版,第 26 页。
[3] 同上书,第 116 页。
[4] 同上书,第 124 页。

力。这场社会变革从很大程度上推动了女性主义思潮的发展,为女性主义运动在埃及的蓬勃发展提供了土壤。在这场革命中,埃及女性开始在公共生活中做出贡献,并积极为争取自身权利而斗争。当时,埃及女性参与革命的形象良好,爱国主义感情真挚,开始涉足一直被认为是女性禁区的政治斗争之中。她们影响舆论、在报纸上发表文章、创办杂志、出资为穷人建立学校,为没钱的病人建立收容所,建立了一些女性学术机构。

因此,旅居埃及的黎巴嫩女性文学家梅·齐亚德承认,"由于萨阿德·扎格卢勒,埃及女性敢于提高她们的声音,在萨阿德的领导下,埃及女性开始上街游行,呼喊国家、自由和独立的口号"。[1] 由于萨阿德领导的独立革命,埃及女性的声音有了值得赞颂的影响力,埃及普通民众"接受了女性发展中的这一新现象"。[2] 从此以后,埃及女性参与到社会公共生活中,这是埃及女性主义运动的特点之一。另一位埃及女性主义运动的代表人物杜丽亚·莎菲克也同意梅·齐亚德的上述观点。她说,在1919革命中,"埃及女性发现跟上爱国浪潮的时机来了,因为每个埃及人都有责任为独立行动起来,如果没有当时这个情况,许多埃及女性仍将被禁锢在家里"。[3]

继埃及1919革命后,土耳其"国父"凯末尔从1925年夏天开始的社会改革运动,同样也对女性主义在埃及乃至整个伊斯兰世界的"本土化"产生了巨大的影响。在这场旨在将土耳其社会从封建和宗教的束缚下解放出来的改革中,凯末尔废除了伊斯兰哈里发制,建立了共和国,废除了伊斯兰教法规,建立了世俗学校,废除了一夫多妻制和伊斯兰教的各种陋规,提倡男女平等,女性摘下了象征束缚她们人身自由的面纱。

凯末尔在土耳其改变女性状况是通过其颁布的法律实现的,但埃及的

---

[1] 梅·齐亚德:《言语与手势》,卷二,新月书局1999年版,第85页。
[2] 梅·齐亚德:《未知工作》,阿联酋文化局1996年版,第355页。
[3] 杜丽亚·莎菲克:《埃及女性运动的发展》,文学出版社2005年版,第43页。

情况与土耳其"自上而下"式的变革有所不同，埃及女性是用她们坚强的意志并通过艰苦的斗争才赢得了自由与独立。1923年，埃及女性应邀参加在罗马举行的世界妇女联盟大会，埃及女性主义运动从此开始走向国际舞台。参加这次会议的埃及女性代表胡黛·沙阿拉维、娜巴维亚·穆萨和西扎·纳博拉维被公认为埃及女性主义运动的女性先驱人物。1923年，胡黛等人创建了埃及妇联，明确提出"致力于通过一切合法途径使女性获得政治和社会权利"。[①] 埃及女性有史以来首次以组织的形式冲破封建和宗教的束缚，进入到争取全面权利斗争的新阶段，这对于女性主义普世价值在埃及的"本土化"是一个里程碑式的进步。

第四节 埃及"本土化"女性主义流派及其代表人物

西方女性主义在埃及"本土化"的过程中，与当地的宗教、传统习俗和伦理道德产生了激烈碰撞，引发了埃及社会知识界、思想界对女性主义是是非非的大辩论，有人主张"向西看"，不仅学习西方的科学文化知识，也应在女性问题和生活方式等方面模仿西方的范式；有人担心西方女性主义的渗透是西方价值观传播的"先头部队"，称其会动摇埃及伊斯兰传统价值观的根本；有人则主张在女性问题上理性应对，对西方文明"取其精华，去其糟粕"，等等。对于女性主义"本土化"认识的差异，形成了埃及女性主义不同的流派。

对于埃及女性主义流派的划分，根据不同的划分标准，有多种划分方法，如伊斯兰女性主义与世俗女性主义；官方女性主义与自由女性主义

---

① 艾哈迈德·穆罕默德·萨利姆：《现代阿拉伯思潮中的女性：时代论战述评》，埃及书局2011年版，第66页。

等。[①] 伊斯兰女性主义倡导在女性问题上回归伊斯兰教本源，在伊斯兰教法框架内审视女性问题，重构伊斯兰女性价值观，以使之与现代文明接轨；世俗女性主义认为宗教是导致女性社会地位低下的关键原因，倡导女性摆脱宗教和传统习俗的束缚，为自己争取应有的权利；官方女性主义是指由政府主导，通过行政命令等官方手段保障女性权利的做法；而自由女性主义则崇尚西方自由主义主流思想、在女性问题上追随西方女性主义理论，倡导个人活动和发展的完全自由。

埃及的官方女性主义主要是指纳赛尔政权及继任者萨达特、穆巴拉克政权在提高女性地位方面的官方行为，它对埃及女性主义理论思潮的贡献较小，因此官方女性主义不是本文探讨的重点。另外，为了方便梳理、总结埃及女性主义思潮，突出女性学者在埃及女性主义思潮中的作用，本文在参考传统划分标准的基础上，把19世纪末20世纪初形形色色的埃及女性主义思潮流派划分为宗教改良派、世俗自由派和女性经验派三大派别，下面将逐一介绍其特点和代表人物。

一、宗教改良派及其代表人物

19世纪末20世纪初，面对政局不稳、经济衰退、社会动荡、西方殖民、外来文化入侵等现象，伊斯兰复兴运动再度兴起，埃及当年无疑是传播伊斯兰复兴运动思想的大本营。伊斯兰宗教界一些有识之士忧国忧民，主张复兴伊斯兰精神文化和生活方式，并以此解决各种现实社会问题。在这场宗教和社会文化运动中，有人主张正本清源，回归传统，走伊斯兰原教旨路线；有人则主张大胆创制，锐意革新，走宗教改革之路。作为伊斯兰精神文化和生活方式的一部分，加上西方女性主义思想当时在埃及传播的时代背景，改善穆斯林女性社会地位的问题也被后者所重视，从而形成

---

① 纳布拉斯·马穆里：《女性与阿拉伯之春》，阿拉比出版社2013年版，第35页。

了埃及女性主义的宗教改良派。该派学者关注伊斯兰教的女性角色，致力于对《古兰经》和圣训中有关女性问题的经典进行重新诠释，试图在伊斯兰基础上重构女性价值观，并呼吁进行宗教改革，倡导以伊斯兰的模式建立女权、性别平等和社会正义，同时特别强调伊斯兰女性价值观的优越性。需要指出的是，宗教改良派既有"本土派"，也有留洋国外的"海归派"，有的甚至在女性教育、婚姻家庭、工作权等方面部分接受西方女性主义的观点，但由于其宗教局限性，普遍反对世俗化，反对西方世俗女性主义思潮和模式。而且，由于伊斯兰复兴运动本身经历的周期性，宗教改良派所倡导的伊斯兰女性主义思想，其影响力也起起伏伏，与伊斯兰复兴运动的兴衰轨迹几乎重合。宗教改良派的代表人物有里法阿·塔哈塔维、阿卜杜勒·拉赫曼·卡瓦基比（Abdul Rahman Kawakibi）以及伊斯兰复兴运动著名思想家穆罕默德·阿卜杜（Mohaned Abdu）、拉希德·里达（Rashid Rida）和阿尔及利亚著名宗教学者穆罕默德·本·胡加·杰扎伊里（Mohamed Ben HuGa Jazairi）等人。下面，我们结合探讨埃及女性主义思潮的需要，重点介绍塔哈塔维。

1801年10月15日，里法阿·塔哈塔维出生于上埃及索哈杰省，从小天资聪颖，12岁进入爱资哈尔预备班，16岁进入爱资哈尔大学，系统学习《古兰经》、圣训等宗教课程。1826年，穆罕默德·阿里帕夏派遣由40人组成的埃及留学生代表团乘坐法国军舰前往法国学习现代科学，而里法阿·塔哈塔维作为代表团的伊玛目和领队，巴黎之行成就了他人生的重要转折点。5年留法生涯积累成书，塔哈塔维回国后发表的《巴黎流金岁月》，为他赢得了极高的声誉。塔哈塔维回国后，主要从事翻译和教育工作，曾创建一所语言学校并自任校长，曾负责王室的翻译处翻译法国法律，也曾因遭受王室的冷遇而被贬至苏丹执教一所小学。

塔哈塔维被推崇为马木鲁克王朝和奥斯曼帝国之后19世纪埃及思想启蒙运动的先驱人物。他一生笔耕不辍，著作等身，最重要的著作有《巴黎流金岁月》《通向现代文明的埃及心路》《少男少女指南》等。直到1873

年去世前,他仍在编写《希贾志居民传》,此书开创了一种新的撰写先知生平的方式,这种方式备受后世学者的推崇。另外,塔哈塔维亲自翻译的作品超过了25部。他一生为后人留下了丰富的文化遗产,并在埃及文物保护方面做出了重要贡献。更为重要的是,塔哈塔维为埃及培养了一大批出类拔萃的人才,他的学生们带领埃及走向了现代复兴之路,并在不到40年的时间里为这个国家留下了2000多部原著和译著。

二、世俗自由派及其代表人物

自由主义是一种意识形态、哲学,起源于西方,其从早期的反对君权神授、世袭制和国教制,发展为倡导人人平等自由、民主制、市场经济,强调人的生命权、自由权、财产权等。自由(主义)女性主义关注女性的个人权利和政治、宗教自由,女性的选择权与自我决定权等,主张天赋人权,男女平等。19世纪末、20世纪初,埃及在经历了法、英长期殖民统治和外来文化的侵蚀之后,当时以自由女性主义为核心的西方女性主义思想逐渐被一部分埃及知识界精英所接受,从而在西方女性主义"本土化"的过程中形成了世俗自由派。这些人有的主张在女性问题上"向西看",有的主张"取其精华,去其糟粕",有的激进主义者甚至公开批评宗教对女性的束缚,呼吁在女性问题上同样需要"世俗化"等等。需要指出的是,在当时的埃及社会,持世俗自由派观点的学者虽然是"极少数",但他们对传统观念形成的冲击是巨大的,影响十分深远。埃及女性主义世俗自由派的代表人物有卡西姆·阿明、曼苏尔·法赫米(Mansour Fahmi)、艾哈迈德·卢特菲·赛义德(Ahmed Loutfi Said)、塔希尔·希达德(Tahir Hidad)、萨拉玛·穆萨(Salamab Mousa)、伊斯马仪·马兹赫尔(Tsmail Mazhar)等人。其中,前文多次提及的卡西姆·阿明,尽管他的追随者称其女性主义观点并未完全脱离宗教,但他作为"旗手"率先倡导女性解放,其女性主义理论的精髓是倾向于世俗自由派的。下面,我们将对阿明这个人物做一重点介绍。

1863年9月1日,阿明出生于埃及的塔拉镇,其父穆罕默德·阿明是一名库尔德王子的后裔,祖上数代人曾是奥斯曼帝国苏莱曼尼亚行辖区的统治者。穆罕默德·阿明在赫迪威·伊斯梅尔时代被派往埃及任职,并与上埃及的一名本地姑娘结婚。阿明是穆罕默德夫妇的长子,备受重视。阿明小学时在家乡的一所贵族学校就读,高中时随家人迁居开罗勒米亚贵族聚居区,后就读于当地一所法律和管理学校,并于1881年获学士学位,次年远赴法国蒙彼利埃大学学习法律。

在长达4年的留学生涯中,阿明不仅收获了西方的法律知识,更重要的是在那里结识自己的人生导师、伊斯兰复兴运动著名思想家穆罕默德·阿卜杜,并长期为他充当法文翻译。由于这层关系,有人甚至怀疑《解放女性》的部分章节是其导师操刀写的。[1]

留法回国后,一方面,阿明从事律师工作;另一方面,法国的留学生活使他接触到了西方文明,回国后,他经常在报刊杂志上发表文章,针砭时弊,宣扬自由、进步和民主思想,倡导社会公平正义,逐渐实现了从一名律师向著名作家、文学家和社会改革家的蜕变,尤其是他撰写了《解放女性》和《新女性》,提倡女性解放、自由、男女平等,反对女性佩戴面纱、多妻制等传统习俗。这两本书被认为是埃及女性主义理论思潮经典之经典,在为其赢得巨大声誉的同时,也遭到一些顽固派、保守派人士的猛烈抨击。

1908年4月23日,年仅45岁的阿明英年早逝。被誉为"尼罗河诗人"和"人民诗人"的哈菲兹·易卜拉欣、被誉为"两国诗人"的旅居埃及的黎巴诗人哈利勒·穆特朗等文化界名流纷纷创作诗文,表示哀悼;埃及民族独立运动的两位领袖级人物萨阿德·扎格卢勒及其胞弟法特希·

---

[1] 艾哈迈德·穆罕默德·萨利姆:《现代阿拉伯思潮中的女性:时代论战述评》,埃及书局2011年版,第51页。

扎格卢勒亲赴灵堂吊唁。①

三、女性经验派及其代表人物

经验主义作为一种认识论学说诞生于古希腊，是指形而下学的思想方法和工作作风，其特点是在观察和处理问题的时候，从狭隘的个人经验出发，不是采取联系、发展、全面的观点，而是采取孤立、静止、片面的观点。本书借鉴经验主义这个概念来概括埃及女性学者有关女性问题的思想学说，主要出于三方面因素的考虑：其一，相比较宗教改良派和世俗自由派，埃及女性学者在理论思潮方面相对缺乏独特的建树，更多地是从女性学者本人的经历和经验出发，或反对或追随前两个派别的主要观点，一般受她们本人所处的舆论环境、社会变迁的影响比较大，其女性主义价值观念徘徊于东西方价值观和埃及社会现实之间；其二，女性学者作为一个关乎自身切身利益的特殊群体，在女性问题上应有她们的集体话语权，从几代女性学者思想观念的变化，我们可以清晰地看出女性主义思想在埃及的发展轨迹；其三，女性学者不仅为女性主义思潮在埃及的兴起和发展做出了特殊贡献，而且她们大多是埃及女性主义运动的身体力行者，甚至为推动埃及的女性主义运动付出了巨大的代价。因此，将女性学者作为一个流派予以阐述，也是为了突出女性学者在埃及女性主义思潮的兴起、传播、发展以及推动埃及女性主义运动发展、壮大等方面所做的特殊而重要的贡献。女性经验派代表人物有马利克·哈夫尼·纳斯夫、娜巴维亚·穆萨、胡黛·沙阿拉维、杜丽亚·莎菲克以及旅居埃及的两位著名的黎巴嫩女性作家宰娜卜·法瓦兹和梅·齐亚德等人。由于女性经验派的重要性，本书将按年龄顺序对她们逐个予以简要介绍。

---

① "卡西姆·阿明"阿拉伯文词条，维基百科。

(一) 宰娜卜·法瓦兹（Zainap Fawaz）

旅居埃及的黎巴嫩女性文学家、诗人和历史学家。她与卡西姆·阿明是同时代人，在呼吁女性解放方面当年几乎与后者齐名。1844年，法瓦兹出生在距贝鲁特110公里左右的南黎巴嫩山区小镇提布宁，这个小镇历史上因战乱而几度兴衰。当年，提布宁是一个阿拉伯部落建立的"小阿里国"的所在地。法瓦兹小时候与"小阿里国"酋长阿里·阿斯阿德的女眷们交往密切，阿斯阿德的妻子法蒂玛爱好文学创作，是她教授了法瓦兹阅读和书写。

法瓦兹的个人情感经历十分曲折，先是嫁给了"小阿里国"酋长的一名侍从，离婚后与其父前往埃及亚历山大求学，随后前往大马士革。在那里，她与一名作家结婚，但很快被抛弃，直到她认识了大马士革军营里的一名埃及军官，婚姻才稳定下来。双方结婚后于19世纪末重返亚历山大，并在那里展露出她的创作才华。作为女性主义的倡导者，法瓦兹呼吁女性出门工作，接受教育，追求自由和解放。

(二) 胡黛·沙阿拉维（Huda Shaarawi）

19世纪末至20世纪中叶埃及最杰出的妇女性活动家之一，1879年6月出生于上埃及的明亚省，家门显赫，其父是当年埃及议会的议长穆罕默德·苏尔坦帕夏，此人在埃及历史上颇具争议，被指责背叛了阿拉比革命，打开城门迎进了英国殖民者。

胡黛·沙阿拉维是在家里的私塾接受教育的，13岁时就早早嫁给大她近40岁的表哥、埃及政治家阿里·沙阿拉维做了二房。婚后，沙阿拉维仿效西方人的做法，将自己的姓氏从"苏尔坦"改为"沙阿拉维"。正如大多数埃及女性主义运动的女性先驱一样，沙阿拉维的私生活同样不顺利。伊斯兰教习俗的束缚、重男轻女的传统、夫妻年龄差距等，使沙阿拉维屡受打击，甚至感觉家庭就像牢笼，备感压抑，以至于婚后患了严重的抑郁症，不得不远赴欧洲治疗。但是，正是这次远行，使她结识了法国女性主义运动人士，从对方的身上，她看到了女性的榜样、自由的可贵，这为她日后转型成为埃及女性主义运动的领军人物埋下了伏笔。

回到埃及后，沙阿拉维创办了法语杂志《埃及女性》，开始传播女性主义思想，并率领女性同胞投身1919年革命运动。应该说，显赫的门第、丰富的社会资源等因素，也对沙阿拉维日后成为埃及女性主义运动的领军人物起到了重要作用，其夫阿里·沙阿拉维与独立运动领导人萨阿德·扎格卢勒关系密切。在这场革命中，沙阿拉维与其闺密西扎·娜卜拉维加入了华夫脱党，摘下了面纱，组织了女性大游行，并作为埃及女性代表出席了一系列国际会议，其中包括与娜巴维亚、娜卜拉维一起应邀出席了1923年的罗马世界妇女大会。1927年，沙阿拉维创建了埃及妇女联盟，并担任妇联主席直到1947年，致力于从政治层面维护女性的权益。

作为阿拉伯妇联的创始会员，沙阿拉维还在1935年出任阿拉伯妇女联盟主席，并于1944年成功举办阿拉伯妇女大会，来自26个阿拉伯国家和地区的女性代表与会。这次会议在阿拉伯女性主义运动历史上具有里程碑意义，会议通过的决议呼吁女性与男性享有平等的选举权等政治权利，以及限制离婚、多妻制等。

1947年12月12日，沙阿拉维逝世。就在逝世前数小时，她仍在病榻上起草有关巴勒斯坦问题的一份声明，呼吁阿拉伯国家在巴勒斯坦问题上团结一致。如今，埃及不少机构、学校和街道都以胡黛·沙阿拉维的名字命名，埃及人以此纪念这位20世纪最杰出的女性主义活动家。

（三）马利克·哈夫尼·纳斯夫（Malik Hafui Nasif）

埃及女性文学家，1886年生于开罗，其父哈夫尼·纳斯夫是埃及法学界人士、埃及大学（今开罗大学）创始人之一。1907年，纳斯夫嫁给了阿卜杜勒·西塔尔·巴西勒——埃及法尤姆省卡萨尔·巴西勒镇的一位阿拉伯部落酋长。这个小镇地处法尤姆沙漠边缘，远离都市繁华，因此婚后生活在那里并从事文学创作的纳斯夫自称"大漠追寻者"。

纳斯夫是第一位公开倡导女性解放、男女平等的埃及女性。纳斯夫知识渊博，精通英语和法语，其作品集《女性》的第一部分现已出版，第二部分仍未付印。纳斯夫的大部分作品都围绕女性教育、女性指导和婚姻家庭等问题，并曾在反击"面纱"支持者的笔战中大放异彩。但她同时强调伊斯兰价值观的重要性，指出"面纱"其实并不是问题的关键，女性解放应该以渐进的方式、通过女性教育逐步解决。这与卡西姆·阿明所倡导的激进方式是有区别的。

1918年，年仅32岁的纳斯夫在开罗病逝。诗人哈菲兹·易卜拉欣、哈利勒·穆特朗和旅居埃及的黎巴嫩女性文学家梅·齐亚德等人纷纷创作诗文悼念。今天，开罗的一些街道和机构仍以纳斯夫的名字命名，以表彰她在女性问题上做出的突出贡献。

（四）娜巴维亚·穆萨（Nabawiya Mousa）

第一位获得学士学位的埃及女性，是20世纪上半叶埃及女性教育和女性主义运动的先驱之一，一生追求女性自由、男女平等和同工同酬。穆萨于1951年去世，因恐惧传统婚姻，她终生未嫁。

1886年11月，穆萨出生于埃及东方省省会扎加济克的一个小村庄，与纳斯夫同龄，其父是一名军官，自小在家人的影响下学习文化知识。10岁时，穆萨为继续学业，甚至背着家人变卖母亲的金戒指和手镯，私自报名上学。1908年获教师资格，两年后正式成为一名教师。其间，穆萨开始向报刊杂志投稿，内容涉及女性教育、社会和文学等方面，并撰写教科书《女童教育心得》。1909年，穆萨出任法尤姆一所小学的校长，成为埃及历史上第一位女校长。此后，她曾在教育部和埃及多所学校任职。1920年，穆萨发表了新书《女性与工作》，捍卫女性权利，并积极投身女性主义运动，成为国内外女性团体和女性会议的常客。1923年，穆萨与另两位埃及女性主义活动家胡黛·沙阿拉维和西扎·娜卜拉维一起出席了罗马世界妇女大会。

穆萨创办过女性期刊和女子学校，出版过诗集，也创作过短篇小说和戏剧。作为女性主义社会活动家，穆萨不顾传统习俗，在公众场合勇敢地露出其脸庞和双手，她为此遭受了众多非难和指责。但是，穆萨反对赋予85%的文盲投票权，甚至呼吁恢复伊斯兰哈里发专制，其不成熟的政治主张客观上限制了她的社会活动空间。

（五）梅·齐亚德（May Ziade）

巴勒斯坦和黎巴嫩女性文学家和作家，1886年出生于巴勒斯坦拿撒勒（现以色列北部加利利地区），其父是黎巴嫩人，母亲是巴勒斯坦人。齐亚德在拿撒勒读的小学，在黎巴嫩阿尼塔勒读的高中。1907年，齐亚德随家人迁居到开罗。

齐亚德是个才女，精通阿拉伯语、法语、英语、德语、意大利语、西班牙语、拉丁语和古叙利亚语等9种语言，一生为阿拉伯文学留下了丰富的遗产，但她个人的心路历程却可以用"哀怨凄美"四个字来形容。最令人唏嘘的莫过于她与旅美黎巴嫩文坛骄子纪伯伦长达20年（1911—1931年）柏拉图式的爱情。1929年、1931年、1932年齐亚德的父亲、她毕生所爱纪伯伦和她的母亲先后去世，齐亚德遭受了沉重的精神打击，回到黎巴嫩治疗心灵创伤，却被她狠心的亲友们送进精神病院长达9个月，引起公愤后才将她转到一家私立医院就诊。病愈后，她回到开罗，此后多次前往英国、意大利等地旅行，治疗心灵的伤痛，但最终选择了开罗作为她人生旅途的终点。1941年，齐亚德病逝于开罗迈阿地医院。

作为一名女性主义者，齐亚德在开罗教授法语和英语的同时，经常在报刊杂志发表文章，倡导男女平等，并举办家庭文化沙龙，探讨文学和女性等问题。女主人开阔的眼界、细腻的情感和优雅的举止，吸引了当时许多埃及社会名流的到来，其中包括埃及著名思想家和哲学家艾哈迈德·卢特菲·赛义德。1920年，齐亚德出版了《大漠追寻者》一书，追忆其同龄好友、埃及女性主义作家马利克·哈夫尼·纳斯夫。另外，她著名的作品还有《平等》《言语与手势》《未知工作》《黑暗和光亮》和《潮涨潮落》等。

（六）杜丽亚·莎菲克（Douliya Shafik）

20世纪上半叶埃及女性主义运动的先驱者之一。有人认为，1956年的埃及宪法赋予了埃及女性选举和被选举权，这一成就应归功于莎菲克。

1908年，莎菲克生出于尼罗河三角洲的坦塔，小时候就读于坦塔的法语研究院，是埃及公派索邦大学留学的首批学生之一，1940年获得了该校博士学位，其博士论文题目是《伊斯兰教中的女性》，她在这篇论文中强调了伊斯兰教女性观的优越性，这表明她早年是一名伊斯兰女性主义的追随者。

留学回国后，莎菲克一直致力于女性主义活动，创办女性期刊，建立女性协会——"尼罗河女子协会"，以及成立女性扫盲学校等，积极推进埃及女性主义运动。1951年2月，莎菲克组织1500多名女性游行示威，并闯入议会，敦促议会严肃对待埃及女性问题及她们的诉求。在埃及女性主义运动史上，这是一个历史性的时刻。一个星期后，埃及议会颁布法律，赋予女性议员的选举权和被选举权。1952年"7·23"革命之后，莎菲克在"尼罗河女子协会"的基础上成立了埃及有史以来第一个女性政党。

1954年，新生的阿拉伯埃及共和国起草新宪法之际，由于起草委员会中没有一名女性代表，莎菲克率领支持者发起了长达10天的绝食抗议，直到共和国首任总统纳吉布亲自致信莎菲克、承诺新宪法将保证妇女的政治权利才结束。1962年，埃及共和国宪法明确规定，男女平等，女性享有选举权和被选举权，在埃及现代史上第一次从宪法的高度明确了女性的政治权利。

1954年纳赛尔上台以后，在女性问题上推行国家女性主义，自由女性主义的活动空间被极大地压缩。此后,莎菲克一直没有正式工作,致力于将《古兰经》翻译成英语和法语,并出版了个人回忆录《备忘录》。1975年,莎菲克从扎马利克家中的阳台上摔下,黯然离世。据说她是因18年没有正式工作而选择了自杀。

在介绍了埃及女性主义的主要流派及其代表人物以后,本书下面将对当年各大流派之间争论最为激烈的四大问题,即"面纱与女性自由""女性教育""男女平等"和"婚姻家庭"等进行逐个分析总结,以便深层次阐述埃及女性主义思潮的发展和变化。

第三章 面纱与女性自由之争

穆斯林女性是否应该佩戴面纱①向来是一个十分棘手的问题。自埃及女性主义思潮兴起以来，这一层薄薄的面纱便与穆斯林女性贞节、宗教虔诚、伊斯兰服饰文化、女性自由、国际政治等众多概念联系在一起，面纱问题成了世界女性主义运动中一个举足轻重的大问题，也是世界女性主义运动中一个独一无二的突出问题。近百年来，对面纱赞美者有之，批判者也不乏其人，引发了埃及社会、阿拉伯世界、伊斯兰世界乃至全球范围持续不断的热议与围观，至今热度不减。美国"9·11"恐怖袭击事件发生以后，比利时、西班牙、丹麦、瑞士等国陆续对境内穆斯林女性佩戴面纱采取了一些限制措施，引发了伊斯兰世界的高度关注；2007年4月，伊朗总统艾哈迈德·内贾德有关"政府不应该依据伊斯兰着装要求强迫妇女穿戴面纱"的说法，在伊朗国内引起了轩然大波；2011年11月4日，法国成为欧洲第一个在全国范围内通过禁止戴面纱的法律并付诸实施的国家，引发了伊斯兰世界声势浩大的抗议活动等等，如此种种，不胜枚举。这一切似乎都能从侧面反映面纱问题在世界女性主义运动中重要而独特的地位。

---

① "面纱"的阿拉伯语为"حجاب"，音为"赫佳帛"，意为面纱、帷幔或遮盖物，一般特指穆斯林女性头部的遮盖物，本书中为了方便表述，统称"面纱"——作者注。

其实，早在19世纪，面纱问题就已经与女性的解放和自由联系在了一起，引起埃及女性主义各大流派间最为激烈的争论。因此，本书将面纱问题与女性自由问题结合起来，摆在探讨埃及女性主义思潮的重要位置来对待。19世纪的埃及女性主义宗教改良派人士特别强调面纱的重要性，这些人认为，单凭女性教育并不足以构建社会道德，女性佩戴面纱与社会道德的延续休戚相关。而埃及女性主义运动的"旗手"卡西姆·阿明则从女性面纱联想到女性自由与解放，批判埃及社会把女性禁锢在家中的旧传统，认为禁锢使女性无法获得权利，无法接受教育，无法有效处理自己的生活事务。然而，保守派对阿明的上述言论群起而攻之，指责其破坏了"男女授受不亲"的礼制、主张社会男女的接触与堕落。在众多当年埃及男性思想家"大腕"纷纷卷入到面纱问题的纷争之后，那些投身埃及女性主义运动的女性思想家们也开始发声，捍卫同胞的权益，反对把同胞们禁锢在家中，而且主张在着装庄重的同时，反对穆斯林女性炫耀姿色。

第一节 宗教改良派对女性面纱的观点

穆斯林女性是否应该戴面纱的问题是"所有女性问题中最核心的问题"，[1] 该问题在其支持者与反对者之间引起了广泛争论。埃及女性主义宗教改良派代表人物是塔哈塔维，他虽然在女性问题上持相对开放的立场，比宗教界的传统保守势力进步，但是在面纱问题上，塔哈塔维的观点仍然比较守旧。他强调，"女性应当把自己遮盖起来，以免被男性外人窥视任何部位"。[2] 塔哈塔维还以一位教法学家谈论宗教禁忌的语气，禁止女性模

---

[1] 艾哈迈德·穆罕默德·萨利姆：《现代阿拉伯思潮中的女性：时代论战述评》，埃及书局2011年版，第94页。
[2] 里法阿·塔哈塔维：《少男少女指南》，东升书局2001年版，第643页。

仿男性,并禁止她们走出家门,炫耀姿色。他说:"女性不得模仿男人的衣着、做派,男人亦不可模仿女性的衣着、做派。女性不穿戴自己的衣饰,却去模仿男人,这种行为是可憎的。众所周知,女性应当妆扮自己,但仅限于在她们的丈夫或其家庭成员面前,而不得效仿国外男女交际的习惯,在男性外人面前搔首弄姿。"[①] 在这里,我们看到塔哈塔维似乎以长者的身份反对西方社会盛行的男女接触风俗。

阿卜杜勒·拉赫曼·卡瓦基比是19世纪阿拉伯复兴运动的伟大思想家,被认为是阿拉伯民族主义的奠基人之一,曾长年旅居埃及并在那里赢得了极高的声望。卡瓦基比主张宗教改革,推动阿拉伯复兴事业。但是,在女性面纱问题上,卡瓦基比的观点却比塔哈塔维的更为极端。他甚至认为,女性生性本恶,生来便容易误入歧途,因而女性佩戴面纱的习俗在伊斯兰教出现之前便已有之。他说:"中国人是最早规定男人将女性视为下等人并管制她们的文明人。只有这样,才不致使她们破坏高尚的生活。而这种崇高,正是东方人最重要的生活目标,它与西方人对物质生活的追求有着天壤之别。"[②] 在此,卡瓦基比对西方社会普遍流行的男女自由平等的风气做了隐晦的批评。他认为,面纱藏匿女性并不仅仅是伊斯兰教的习俗,更是东方的习俗。他还认为,伊斯兰教法考虑到了女性的狡诈,并由此规定了与女性有关的事务:"从没有(其他法令)像伊斯兰教法一样充分估计到了女性的狡诈,从而规定她们戴上面纱以限制她们的影响力,让她们专注于家庭事务;规定女性必须佩戴面纱,尤其是不得向男性外人展示她们的饰物,且女性不得与男性单独相处或进行非必要的接触;规定她们若无必要,则必须待在家中。毫无疑问,若不这样限制她们,就会打开她们的淫乱之门。只有男人恩准,女性才可以走出家门,处理生活事

[①] 里法阿·塔哈塔维:《少男少女指南》,东升书局2001年版,第640页。
[②] 阿卜杜勒·拉赫曼·卡瓦基比:《农村女性》,东升书局1999年版,第180页。

务。"① 在这里，我们看到19世纪阿拉伯启蒙时代的思想家所奉行的双重标准，他们有一股子反叛精神，一方面号召人们反抗压迫，另一方面却对压迫行为倍加推崇；他们一方面提倡社会进步，另一方面却大力倡导落后风气的延续。从历史的维度来分析，这也许正是阿拉伯启蒙先驱最终未能实现其目标的原因之一。

祖籍突尼斯、年幼时便移民埃及亚历山大并在那里成为现代阿拉伯语言学一代宗师的哈姆扎·法塔赫拉（Hamza Fatahallah），将面纱问题放到伊斯兰教法与教育层面对其进行探讨。他认为，"纯洁的伊斯兰教法为保护人们而制定，为堵塞狡辩之徒而制定，为关闭腐败之门、斩除或尽可能减少邪恶而制定。显而易见的是，教法预见到了女子闺阁中流出的祸患，了解什么是欺诈，了解什么是努力，了解什么是恫吓"。② 在法塔赫拉看来，若不加以管束，女性即使藏在家中，其道德水平也会和那些肆意妄为的女性一样容易沦丧。因而，他认为，面纱从思想层面上来说，也是必要的。③ 显然，法塔赫拉将面纱与把女性禁锢在家中等同起来，认为它能防止社会道德败坏，保持高尚的道德水平。他认为，单凭教育仍不足以阻止女性肆意妄为。他说："教育的效用必然没有面纱防止道德败坏的作用大，谁要在这一点上争辩便是侮辱认知。欧麦尔·本·赫塔卜（Umar ibn Al-khattab）④ 曾说，'《古兰经》没有传播的东西，就要用权力推行'，由此可知面纱的必要性。"⑤ 这位保守派宗教人士还总结说："结论就是要把女性禁锢起来，注意此处是将她们关在家中，而不是遮盖她们的身体，即使那些姿意妄为的女性难于管制，也须管制她们，因为面纱是在思想层面上

---

① 阿卜杜勒·拉赫曼·卡瓦基比：《农村女性》，东升书局1999年版，第179—180页。
② 哈姆扎·法塔赫拉：《浅谈女性在伊斯兰教中的权利》，布拉克阿米里亚出版社1889年版，转引自《现代阿拉伯思潮中的女性：时代论战述评》，第59页。
③ 同上书，第59页。
④ 作者注，欧麦尔·本·赫塔卜是伊斯兰教历史上第二任哈里发。
⑤ 哈姆扎·法塔赫拉：《浅谈女性在伊斯兰教中的权利》，布拉克阿米里亚出版社1889年版，转引自《现代阿拉伯思潮中的女性：时代论战述评》，第13页。

防止败坏的必要措施。"①

在女性面纱问题上，19世纪阿尔及利亚著名宗教学者伊本·胡加·杰扎伊里表示赞同法塔赫拉的观点。他认为，藏匿女性是预防通奸的根本措施，因为光靠教化不足以抑制人的情欲。他说，"将女性关在家中的好处，就在于能斩除通奸的客观根源，或尽可能降低其影响。因为男性想要与藏匿起来的女性接触，比起与那些抛头露面的女性来说要难得多。而人类对某一事物的渴望，只有在看见它之后才会产生。教化无法遏制情欲的冲动，因而是达不到其设立初衷的。再者，我们的女性从小就深居简出，已然习惯了这种生活方式，不会对它有抵触情绪，反倒对任性妄为的行径引以为耻。她们恰如深藏在贝壳中的珍珠一般，对自己受到保护、保持贞洁深以为傲"。②

杰扎伊里将面纱定义为一种服饰，允许女性露出脸庞、双手与双脚，允许法官、讲演者、医生目视女性。他说："我知道男性不得目视已到适婚年龄的女性外人，除了她们的脸和手脚。若担心自己按捺不住欲望，那就不得在非必要时目视上述部位。而法官在审案时、证人在作证词时、演说者在讲演时，即便他们心存欲望，也得目视女性。"③ 值得注意的是，杰扎伊里允许男性在作证、讲演、判决等场合目视女性，反映出其教法学观点在一定程度上存在弹性。

综上所述，宗教改良派几乎一致认同面纱作为服饰或一种禁锢女性的标志而存在的必要性和重要性，认为面纱是一种遮盖女性身体、防止其道德败坏或肆意妄为的有效手段。部分学者还强调，单凭教化不足以保护女性并保持她们的贞洁。在今天看来，这样的观点实属愚昧，更何况宣扬将女性闭锁家中的做法本身就必须通过教化的方法，要使女性待在家中，不

---

① 哈姆扎·法塔赫拉：《浅谈女性在伊斯兰教中的权利》，布拉克阿米里亚出版社1889年版。转引自《现代阿拉伯思潮中的女性：时代论战述评》，第60页。
② 伊本·胡扎·杰扎伊里：《女性权利研究》，埃及最高文化委员会1999年版，第79页。
③ 同上书，第78页。

能通过强迫方式，而须通过教化，因此教化既是宣扬禁锢女性的途径，也是宣扬女性抛头露面或争取自由的途径。另一方面，改良派学者也将面纱与美德直接联系起来，认为面纱为维护社会高尚道德情操做出了贡献，这在今天看来，也显得十分牵强。即使某些宗教思想家具有相对开放的思维，也只是允许在某些必要场合目视女性。

第二节　世俗自由派对女性面纱及女性自由的观点

作为埃及女性主义世俗自由派的代表人物，卡西姆·阿明同样十分重视女性面纱问题。当时，法国德拉库尔公爵曾批评埃及女性的境况，认为埃及女性是家庭的囚徒。对此，阿明激情洋溢地回击道："要说埃及女性是家庭的囚徒，真是十足谬论。所有女性和男性一样，什么时候都能走出家门，无论白天黑夜；她们或独自一人，或与女友们一道，或出外游玩，或互相拜访，或走进商店购买商品，或逛市场，或者去游乐场所。"① 卡西姆·阿明竭力驳斥埃及女性被禁锢在家的观点，认为女性能够出门，开展日常生活。事实上，在当时的社会历史背景下，这种观点更像是在宣扬不应将女性关在家中，而不是为其辩护。

此后，阿明在其两本最著名的女性问题著作《解放女性》和《新女性》中阐述了许多尖锐的观点，引起了广泛争议。这是因为他在面纱问题上的立场使得改良派时至今日仍然对阿明大加挞伐，却对他带有鲜明启蒙思想的著作、他解读历史的杰出眼光视而不见。

阿明从纯粹的思想层面出发，对面纱问题进行探讨，认为它总的来说在女性的生活中具有一定的历史地位，但并不仅限于在穆斯林女性的生活

---

① 卡西姆·阿明：《埃及人民》，新月出版社1995年版，第69页。

中。他说:"面纱在全世界女性的生活中都占据着历史地位,因此并不是我们的专利,也不是穆斯林的创造发明,而是各个民族所共知的一种习俗。"① 我们有理由相信,阿明关于面纱在全世界女性的生活中都曾占据一定历史地位的说法,是在为他否定面纱在新时代有继续存续的必要性做铺垫。因为把面纱定性为思想观念和习俗问题,比宗教和教法观点更易于改变,这是因为教法层面上的观点是以禁忌的形式表达的,不可以轻易改变,而思想观念层面上的变革,则可以通过对现象与习俗的理性分析而得出结论,推动变革就相对容易一些。

实际上,只要我们考察《解放女性》和《新女性》两本书中关于面纱问题的大部分论述,就能发现他抨击的是当时埃及社会把女性禁锢在家中的做法,而非作为服饰的面纱本身。他说:"将女性关在家中的做法,就是把女性限制在一个非常狭窄的圈子内,让她看不见,也听不着,她所知道的只是发生在自己身边的那些鸡毛蒜皮的琐事。这种习俗横亘在她与鲜活的世界之间,一个充满思想、活动、事业的世界,她全都接触不到。而且,假设一个幽居深闺的女性能够通过阅读书籍来汲取她所缺乏的科学与文学知识,却没能通过实践来掌握它,通过行动来确认它,那么,很显然,她从书中学到的知识不过是空中楼阁而已。"② 因此,阿明认为,"强迫女性禁足是最残暴、最丑陋的压迫行为",③ "将女性关在家中会使她们无法成为能够去感受人情世故并在人群中生活的自由人"。④

阿明坚持认为,女性"佩戴面纱不是合乎伊斯兰教法的行为,也不是信仰或礼仪的要求,而是伊斯兰教出现之前就有的一种习俗,并延续到了伊斯兰教出现之后……伊斯兰教教法规定面纱要遮盖住衣领,《古兰经》

---

① 卡西姆·阿明:《解放女性》,埃及图书总署1993年版,第12页。
② 宰娜白·赫迪里:《新女性》序言,埃及最高文化委员会1999年版。
③ 卡西姆·阿明:《新女性》,埃及最高文化委员会1999年版,第34页。
④ 同上书,第106页。

中的一节也是这么降示的，但是经文中丝毫没有提到女性必须佩戴面纱"。① 因此，阿明旗帜鲜明地反对女性佩戴面纱，认为佩戴面纱、只允许女性露出面庞和双手、把女性禁锢在家、禁止女性与男性外人单独接触等做法，仅仅是伊斯兰教先知穆罕默德对待他的妻子们的做法。②

当然，阿明关于女性面纱的论述并不意味着他支持女性无节操、无底线，袒胸露乳，享受无限自由。相反，阿明反对西方支持女性过分袒露身体的观念，认为"西方人过分强调要让女性露出身体，甚至到了难以让女性不受欲望驱使的地步。我们呢，则过分强调把女性包裹起来，唯恐女性被男性看到，甚至使女性沦为一种工具，一种器物；我们禁绝了女性因自身智力的要求而需有的一切思想或文学的特质，我们应当建立一种介于东西方之间新的礼制，即我所提倡导的符合伊斯兰教法的面纱制度"。③ 在面纱问题上，阿明刻意回避与伊斯兰礼制的正面冲突，呼吁减少面纱对女性的束缚，使之回归到他所理解的伊斯兰教法对面纱定义的范围之内。他强调，"这并不是因为我们必须模仿西方社会的方方面面，或是为立新而立新，而是因为我们要谨守伊斯兰教教法的习俗并尊重之；我们认为这是我们民族每一位成员都应秉持的民族特质"。④ 从表面上看，由于事先做了铺垫，阿明所倡导的"新面纱观"并没有超出伊斯兰教法规定的范围，也并没有反对伊斯兰习俗，而只是要求将面纱变为合乎教法的面纱，只是此"面纱"非彼"面纱"而已。

针对部分人认为女性面纱问题是宗教禁忌而不容更改的观点，阿明反驳说："大多数情况下，教法判决都是出于对好习俗或好品行的追求而发出并执行的，它将一些细枝末节的问题交给学者们，由他们进行精研和

---

① 卡西姆·阿明：《解放女性》，埃及图书总署1993年版，第69页。
② 同上书，第70页。
③ 同上书，第60页。
④ 同上书，第72页。

判断。"①

阿明强调："伊斯兰教法赋予女性与男人同等的权利，要求女性承担民事和刑事行为的责任。女性有权管理自己的钱财，并有权自行处理它。倘若男性看不见女性，不能确定她的身份，那么，他们怎样和她们签订契约呢？我们看到，有些女性在不知情的情况下被嫁出去，甚至在不知情的情况下被剥夺了自己拥有的一切。这正是因为她被层层禁锢起来，让男性成为她和其他人之间的一重隔断。"②

如果把面纱问题与女性自由相联系，阿明认为，面纱的存在其实质意义在于把女性层层包裹起来禁锢在家，使得女性无法享有与生俱来的自由，无法接受完整的教育，无法在必要的时候挣钱糊口；使得夫妻无法在日常生活中享受对等探讨的快乐；使得母亲没有能力教养自己的儿女。这样一来，整个民族便如同一个得了半身不遂病症的人一般，而这种禁锢女性的面纱，其唯一的好处便是减少男女通奸事件的发生。③ 与此同时，阿明支持男女正常接触。他说："那些能够与男性接触的女性比那些幽居深闺的女性更能远离邪念，因为前者已经习惯了看见男人、听见他们的声音……至于后者，她们只要一看到男人就会不由自主地注意到这是异性，这就是她们看到男性外人的感受。不能看男性、也不能让男性看到自己的想法在她们的心中业已成型，以至于她们只要一看到男性，就会产生这种（不健康）的思想。"④

阿明深知当时埃及社会旧势力旧习俗的强大和惯性，矫枉过正有时会导致适得其反的效果。因此，在面纱问题上，虽然他认为女性佩戴面纱只是告知穆罕默德对待妻子的做法，而非真主的意愿，埃及女性可以效仿，也可以拒绝，这样做不会违背宗教礼仪，但是实际上，阿明更主张逐步摘

---

① 卡西姆·阿明：《解放女性》，埃及图书总署1993年版，第145页。
② 同上书，第65页。
③ 卡西姆·阿明：《新女性》，埃及最高文化委员会1999年版，第47—48页。
④ 卡西姆·阿明：《解放女性》，埃及图书总署1993年版，第80页。

除将女性禁锢家中的标志——面纱。因此，他强调，"我并不主张现在就一次性摘掉面纱，让女性采取和男人一样的生活方式。这样的大逆转可能无法达成预想的目标，反倒会引起大祸患，就如同每一种骤然的大转变一样。女性应当逐步地走向独立，接受贞洁在于内心而不在于蔽体的衣物的观点"。①

尽管如此，在当时的历史背景下，阿明有关女性面纱的观点仍不啻是一场革命，招致传统保守势力几乎一致的口诛笔伐，成了阿明与其反对者争论的一个核心问题。后者将面纱与女性自由割裂对待，指责阿明中了西方价值观的邪，丑化伊斯兰习俗，讽刺阿明的观点无异于鼓励男女滥交，并警告说女性摘除面纱将导致社会伦理道德的沦丧。

当年阿明女性主义观点最著名的反对者之一、宗教保守派人士阿卜杜勒·马吉德·海里特别撰文《稳固的动力——马吉德对卡西姆·阿明阁下的回应》，称"西方人遍布我们的国家，使得我们与他们频繁接触，因而让我们更倾向他们的传统，这一切使得我们中的许多人认为伊斯兰的习俗和伊斯兰教禁忌十分丑陋，继而随心所欲地解释后者的内容"。② 埃及民族经济的奠基人塔拉特·哈尔卜则以一名宗教学者的口吻声称："（伊斯兰）教法对面纱有明文规定，我们认为它指的是女性把身体遮盖起来，如非必要不得走出家门。"③ 哈尔卜指出，《古兰经》"同盟军章"降示，"先知啊！你应当对你的妻子、你的女儿和信士们的妇女说，她们应当用外衣蒙着自己的身体。这样做最容易使人认识她们，而不受侵犯。真主是至赦的，是至慈的（33：59）"。④ 他认为，这一章节廓清了有关女性面纱问题的所有迷雾，也使这一问题的禁忌变得完整，即所有女性在任何时候都必

---

① 卡西姆·阿明：《解放女性》，埃及图书总署1993年版，第90—91页。
② 阿卜杜勒·马吉德·海里：《稳固的动力·马吉德对卡西姆·阿明阁下的回应》，图尔基出版社1999年版，第38页。
③ 塔拉特·哈尔卜：《女性教育与面纱》，图尔基出版社2001年版，第4页。
④ 马坚：《古兰经》中译本，中国社会科学出版社1996年版，第426页。

须把自己的身体完全遮盖起来。①

阿明反对女性佩戴面纱，其实质是反对将女性禁锢在家中的做法，而他的反对者反倒强调了这种做法的重要性。塔拉特·哈尔卜说："最保险的方法是让女性待在家中，家中才是她们处理日常事务的地方；让她们远离男人，如非必要不与他们接触。"② 他还多次提到，女性在家中做礼拜要好于去清真寺做礼拜，这是为了把她们藏好。女性应该守在家中寸步不出，由男人来保证她们的权利与吃穿用度。③ 海里则把埃及社会当时过分实行面纱礼制的原因归结为时代与道德的腐化。他说："当今时代女性应该闭门不出，这个国家中恶事大行其道，它给予了人民完全的自由，任由他们胡作非为。除了宗教上的约束，没有什么能管束女性。"④ 与此同时，阿明的反对者还认为，女性的职责也决定了她们必须待在家中。⑤

面纱作为限制女性自由的标志性产物，他的反对者更加强调面纱对于维护社会道德水平的作用。他们认为，社会男女的接触会导致堕落，而面纱则是美德与贞洁的基础，是捍卫血统和道德的堤防。哈尔卜说："面纱是贞洁、安全、修持等的要素。"⑥ 而目视会导致通奸，视觉是建立关系和引发诱惑的根源，两性之间的接触是导致不幸的原因，是苦难的根源。⑦ 瓦吉迪认为："面纱是贞洁的象征，是抑制内心欲望的防线，是女性独立与幸福的唯一保障。"⑧ 瓦吉迪把男人比做豺狼，把面纱比做保护女性不受豺狼攻击的屏障，他声称："面纱是一座坚固的堡垒，保护女性不受男性

---

① 塔拉特·哈尔卜：《女性教育与面纱》，图尔基出版社2001年版，第85页。
② 同上书，第79页。
③ 同上书，第87页。
④ 阿卜杜勒·马吉德·海里：《稳固的动力·马吉德对卡西姆·阿明阁下的回应》，图尔基出版社1999年版，第9页。
⑤ 同上书，第35页。
⑥ 塔拉特·哈尔卜：《女性教育与面纱》，图尔基出版社2001年版，第73页。
⑦ 同上书，第27页。
⑧ 穆罕默德·法里德·瓦吉迪：《穆斯林女性》，图尔基出版社2001年版，第146页。

的邪恶侵害。"① 宗教保守派人士谢赫穆罕默德·艾哈迈德·布拉甘说："遮住女性的身体，让她们待在家中可以保证她们传宗接代，避免她们抛头露面。抛头露面是欲望的渊薮，会吸引男人的目光。面纱可以堵住引诱之门，消除导致丑行的诱因。"② 从以上论述中我们可以看到，阿明的反对者对面纱能捍卫道德这一观点的坚持，把自己打扮成了"美德捍卫者"的角色。

另外，阿明的反对者还把女性降低伊斯兰教面纱礼制的标准和自甘下贱之间画上了等号。哈尔卜说："当今女性已然非常轻忽面纱定制，随之而来的便是大行放荡、大肆违反礼节、大肆通奸、道德败坏，这是谁也瞒不了的。"③ 哈尔卜还批评埃及一些家庭取消佩戴面纱的做法，批评男女过多接触，认为这会导致人们肆意妄为，哀叹埃及社会世风日下，人心不古，"我们看到了无限度的嫉妒，贞洁在他们的眼里变得微不足道，一点儿也不神圣，而且这些人也不尊重恪守贞操的人"。④

与此同时，阿明的反对者还对他推行教育代替面纱作用的观点进行了攻击。塔拉特·哈尔卜认为，让女性待在家中对其教育有着积极作用，称"根据女性职能对其的要求，让她们待在家中对她们的教育有着积极影响，这一举措能够保护她们的尊严"。⑤ 瓦吉迪反对所谓"教育是无形的面纱"的观点，他说："如果教育和教诲能取代有形的屏障，遏制人的挥霍倾向和极端的物质欲望，那么，历史可以告诉我们，教育从未阻止男人犯下恶行。"⑥ 布拉甘则重申了他对女性本性的怀疑，认为她们较易被欲望吸引，称"即便女性受了教育，学习了礼仪，她仍旧是脆弱的，易受欲望引诱，

---

① 穆罕默德·法里德·瓦吉迪：《穆斯林女性》，图尔基出版社2001年版，第137页。
② 穆罕默德·艾哈迈德·布拉甘：《女伴》，东升出版社1997年版，第108页。
③ 塔拉特·哈尔卜：《女性教育与面纱》，图尔基出版社2001年版，第100页。
④ 同上书，第106页。
⑤ 同上书，第91页。
⑥ 穆罕默德·法里德·瓦吉迪：《穆斯林女性》，图尔基出版社1988年版，第91页。

因而她受的教育并不能禁绝她的欲望,不能使她摆脱欲望的纠缠"。①

有分析认为,阿明的反对者在面纱问题上立场顽固、言辞激烈,其原因也许在于他们捍卫伊斯兰身份、捍卫伊斯兰道德与习俗不受外国殖民及其习俗侵蚀的强烈愿望。这种对外国入侵的恐惧在哈尔卜的论述中展露无遗。他说:"随着他们进入我们的国家进行贸易或侵略,随着我们在他们的国家设立使馆,我们和外国人打成了一片,男男女女的道德都被所谓的西方文明败坏了。放荡的西方女性进入了东方,她们公然开设了许多商店,当街在中青年男人的面前展现自己。她们竭尽全力地装扮自己,走到大街上向过路人展示自己,蛊惑了青年人的心智,勾引了那些意志薄弱的人。随着许多东方女性的堕落,社会道德的败坏进一步加剧。东方女性竟开始胆敢溜出家门,最后的结果便是荒淫之事盛行,她们也变成了放荡的淫妇。"②

阿明与其反对者的争论显示了后者观点的激烈程度,这是因为尽管阿明主张女性走出家门,接受教育,参加工作,行使权利,但他仍然没有从伊斯兰教法的框框里跳出来。他提出的主张试图建立在伊斯兰教法的基础上,若女性不能从家庭的束缚中解放出来,这些主张都是无法实现的。然而,对社会各阶层女性的担忧使得人们牢牢秉持保守的萨拉菲派观点,他们之中有自由的实业家,有爱资哈尔宗教机构的长老,有宗教改革家,甚至还有数学家。这些人都担心女性会因此任意妄为,因此他们在把女性禁锢在家中的问题上表明了最激烈的观点。他们认为,不能再让英国人在侵占埃及土地的同时再实施文化侵略,传播无耻丑行。这种激烈的观点与当时的一些客观情况以及主要的社会政治环境是分不开的。这种牢牢抓住面纱礼制不放的态度是保存伊斯兰教象征诉求的突出反映,而女性的服饰正是伊斯兰教的象征。然而,我们可以看到,主张把女性禁锢在家中的激烈

---

① 穆罕默德·艾哈迈德·布拉甘:《女伴》,东升出版社1997年版,第142—143页。
② 塔拉特·哈拉卜:《女性教育与面纱》,图尔基出版社2001年版,第103页。

观点，其基础却是对女性的误判和误解，认为女性天性堕落、纵欲。在这种观念中，女性是欲望的根源，因此应该把她们封闭起来。这种观念反映了在女性天性问题上保守的萨拉菲主义倾向塑造出的有害思想，这一思想根本不应该属于伊斯兰教，因为伊斯兰教认为人类的本性都是善良的。

阿明与其反对者的论争距今已有一个多世纪，他的观点代表时代的进步，注定会延续下来。如今，在大部分伊斯兰社会中女性佩戴面纱时都倾向于露出脸庞和双手，而且女性也已走出家门接受教育、开展工作，这证实了阿明当时对未来的预测。

其实，阿明的面纱观也得到了其他世俗人士的力挺。例如，埃及著名哲学家、开罗大学文学院院长曼苏尔·法赫米（Mansour Fahmi），他对面纱的宗教功能也持怀疑态度。他认为，在许多情况下伊斯兰教根本就不禁止男性注视女性的脸庞。他说："穆圣要求他的妻子们佩戴的面纱，并不一定意味着伊斯兰国家的女性都须佩戴面纱，伊斯兰教从来没有禁止男性注视女性的脸庞，就连在朝觐时也是这样。伊斯兰教要求女性不得遮盖自己的脸庞和双手，这是所有教派都一致同意的。沙斐仪派认为，男人在与一个女性结婚之前最好先看看她的脸。穆圣曾劝告一个男人：'你在娶她之前要到她面前去看看她。'"[①]

法赫米力图将面纱局限在先知的妻子们身上，宣称《古兰经》有关章节的内容只针对先知的妻子们。他说："我们可以推导出的唯一的解释是社会制度为把女性关在家中寻找借口。在我看来，这也许人们是借助先知与其妻子关系的榜样作用来推行孤立女性的举措。然而，《古兰经》的相关章节只针对先知的妻子们，而不包括其他的女性。"[②]

法赫米坚持认为，面纱是一定时期社会习俗的产物，面纱的使用是为了区别自由女性与女奴。他说："面纱是区别自由女性与女奴或底层女性

[①] 曼苏尔·法赫米：《伊斯兰教中的女性状况》，阿勒马尼亚出版社1997年版，第50页。
[②] 同上书，第50—51页。

的标志。后二者出门时并不在穿着家常衣裳的同时佩戴面纱。《古兰经》训诫信士们的女性穿戴她们特有的衣饰,是为了让她们与女奴区别开来。所以,在这一点上的传述都是一致的。"①

显然,法赫米谴责的是将女性禁锢在家中的做法,或说孤立女性的行为。他说:"在伊斯兰教开疆拓土的时期,开拓者们保持了他们的优点,把他们的女性置于可怜的、与世隔绝的状态中,以使她们不与其他的女性来往。这条隔绝女性的原则在先知穆罕默德手中变成了一套完整的制度,立即便在伊斯兰社会的上等阶层结出了苦果。随着伊斯兰教的发展,随着它在时间上的延续、在地域上的拓展,它对社会各阶层的影响进一步加深,使女性佩戴面纱与孤立女性习惯的地位愈发稳固。在伊斯兰帝国开拓了更广阔的疆土之后,女奴的数量增多了,因而自由的女性越来越屈从于面纱和禁足的原则所产生的恼人结果。"②

虽然《古兰经》和圣训中都有面纱的教法根源,但是法赫米却竭力否认这一点,将面纱归因于社会的传统习俗。他认为,至少宗教和教法与面纱的佩戴没有直接联系,至于规定它的具体制度,则是社会传统习俗延续的结果。他强调,这一观点成立的前提,必须是穆斯林能够了解传统与宗教的区别。但是,在伊斯兰教的历史中,人们总是难以分清社会习俗与宗教禁忌,因为伊斯兰教既是宗教,也是生活,它无微不至地规定了穆斯林的生活细节。然而,在它发展的历史性进程中,伊斯兰教也不得不去适应社会的需求和人类自身的发展。③ 因此,法赫米认为,伊斯兰教屈从了某些社会成规的压力,正是这些成规导致了诸如面纱之类习俗的出现。在他看来,这些社会成规并没有宗教依据,其结论是:"面纱是传统而不是宗教的产物。"④

---

① 曼苏尔·法赫米:《伊斯兰教中的女性状况》,阿勒马尼亚出版社1997年版,第53页。
② 同上书,第57页。
③ 同上书,第54页。
④ 曼苏尔·法赫米:《伊斯兰教中的女性状况》,阿勒马尼亚出版社1997年版,第55页。

第三节　女性经验派对面纱问题的观点

在埃及女性主义运动启蒙初期，面纱问题在埃及、甚至阿拉伯男性世界引起了轩然大波。然而，大部分积极投身这一运动的女性人士却都对面纱问题持相对温和的态度，这与男性世界白热化的争论形成了巨大的反差。例如，宰娜卜·法瓦兹女士承认，"我们的面纱是《古兰经》规定的，而一些学者引用了相关经文，认为面纱是饰物，而不是服装或首饰。因此，我们应当把自己遮盖起来，佩戴面纱"。[①] 但是，法瓦兹反对女性遮盖她们的脸部，认为遮盖脸部是一种社会习俗，与宗教无关，因此它不在伊斯兰教禁忌的讨论范围之内。这一观点与阿明的观点如出一辙、不谋而合，但是法瓦兹从女性经验角度出发，认为穆斯林女性是乐意接受佩戴面纱这种习俗的。她说："面纱是一种我们早已习惯了的伊斯兰习俗，我们把佩戴面纱看做是理所应当的事情，心甘情愿地把它传承下来，以至于如果一个女性被强迫露出脸部，她便会觉得这是难而又难的事情。虽然许许多多的学者都说露出脸庞和双手不受禁止，但是我们世代传承的习俗却坚决禁止这种行为。我们的姑娘只要年满十二岁，就得戴上面纱，而男孩只要步入了青春期，就不得注视女性。"[②]

在佩戴面纱是否阻挠女性接受教育的问题上，法瓦兹与阿明的观点是相左的。她说："我们和西方女性在面纱、个人力量以及教法规定的与男人接触方面有很大差别，可是我们和知识性的课程、求知之间并没有面纱这一重阻隔，我们学习到的知识让我们得以自豪地举起旗帜，标志着我们

---

① 宰娜卜·法瓦兹：《宰娜白信札》，穆特瓦西塔书局1999年版，第73页。
② 同上书，第71—72页。

社会地位的提升。"① 因此，法瓦兹认为，面纱并不是女性求知的阻碍，"我们的学校敞开着大门，我们就算遵守着佩戴面纱的法令也可以毫不费劲地入学"。②

而且，法瓦兹还赞扬男女互不接触的做法，认为这是一种值得尊重的风俗，称"我们有一种值得尊重的风俗，就是女性不到男人聚集的地方去，比如说咖啡馆、运动场等等，除非戴着面纱去"。③ 通过以上论述我们可以看出，法瓦兹这位女性主义运动的先驱对面纱是肯定的，认为它不会妨碍女性接受教育，她也肯定了男女不相接触这种值得尊重的东方风俗。因此，法瓦兹在面纱问题上选择了一条温和改革的道路。

在面纱问题上，自称"大漠追寻者"的埃及女性文学家马利克·哈夫尼·纳斯夫试图秉持一种中庸的立场。她既不赞成将女性禁锢在家中，也不主张埃及女性像西方女性那样经常抛头露面。她说："我不希望我们重新遵守祖辈的面纱礼制，与其说它是一种礼制，倒不如说它是活埋人的东西。女性曾经在家中的重重围墙之内度过生命，不能走到街上，除非是生计所迫。我也不想要西方女性那种抛头露面、与男人混在一起的做派，那是令我们厌恶的行为。"④ 她认为，"埃及的女性被过度禁锢，现在西方人的自由也太过分。最恰当的典范莫过于生活在城市中的土耳其女性，她们在两个极端之间不偏不倚，行为不超出伊斯兰教许可的范围，因此她们是严肃守礼的典范"。⑤

纳斯夫反对将穆斯林女性禁锢在家中的做法，认为面纱礼制并不禁止女性去买需要的东西，呼吸新鲜的空气，接受教育，协助照顾生病的女性等等。她说："有人高度颂扬把女性关在家中的做法，认为这是一种合乎

---

① 宰娜卜·法瓦兹：《宰娜白信札》，穆特瓦西塔书局1999年版，第100页。
② 同上书，第216页。
③ 同上书，第71页。
④ 马利克·哈夫尼·纳斯夫：《女性》，胡达书局1996年版，第113页。
⑤ 同上书，第116页。

礼仪的做法。他们禁止女性拜访邻居，禁锢她，让她只能呼吸窄小的家中的空气，让她的健康衰退，让她懒得动弹。他们中还有人为自己的女人终生没有踏出家门而感到自豪。这些人也是极端主义者，因为女性也有两条应当走动的腿，有两只应当看东西的眼睛。如果她的主人，如父亲、兄弟、丈夫等能够让她在保持端庄的同时去领略自然界的美好，去体察万物的精微之处，让她藉由运动和呼吸新鲜空气来保持活力，那么这是不会违背面纱礼制的。"①

纳斯夫反对男女间的过度接触，她把整个社会分为三个阶层：富有阶层中男女相互接触与女性抛头露脸很是流行，她认为这样做很不好；贫苦阶层为生计所迫，在劳作中男女混杂的情况也很普遍，因而有必要在这个阶层推行礼仪；中产阶层被纳斯夫描写成"最好的阶段"，认为中产阶层是各个社会阶层中"最守礼的，也是最持重的"。②

纳斯夫反对西方女性抛头露脸的传统，她认为不能丢掉民族特质，不能丢掉作为一个东方女性的身份。她说："如果我们模仿西方人与东方精神不相符合的生活方式和服饰，丢掉我们本国的服装，和西方融为一体，那么随着时间的推移，我们就会丧失我们的民族特质。弱者为强者所灭，这就是生存的法则。"③

纳斯夫反对埃及女性像西方女性那样抛头露脸，但支持她们走出家门，并露出她们美丽的脸庞和双手。但她和阿明一样，反对骤然抛弃佩戴面纱这种旧风俗，认为跨跃式的转变是不可能实现的，因为埃及女性已经习惯了面纱，如果要命令她们除掉面纱，她们会感到十分羞耻，"骤然的改变会引发灾祸，其结果对国家和宗教来说都是十分恶劣的"。④ 因此，纳斯夫作为埃及女性主义运动的先驱，在面纱问题上显得仍然比较保守，仅

---

① 马利克·哈夫尼·纳斯夫：《女性》，胡达书局1996年版，第28页。
② 同上书，第25—26页。
③ 同上书，第29页。
④ 同上书，第27页。

仅主张循序渐进地摘除面纱，"应当让女性做好抛头露脸的准备，要是我们自己受到了抛头露脸的教育，男人们也做好了准备，那么我就会让想要抛头露脸的女性付诸行动。然而，就目前来说，整个民族都没有准备好"。①

纳斯夫逝世之后，埃及社会发生了一系列历史事件，由华夫脱党主导的民族独立运动如火如荼地席卷了埃及大地，在1919革命这样的历史转折中，埃及穆斯林女性不再困守家中，而是勇敢地走上街头，表达自己对国家事务的观点，"面纱并未妨碍女性发出她们的声音，并未妨碍她们加入男人的队伍，完成对国家所负的责任赋予她们的任务，并未妨碍她们为祖国埃及的事业做出自己的贡献，这就是女性运动的先声"。② 由此，埃及女性赢得了外国人的敬意与尊重。革命还促使一些陈旧的习俗，如女性佩戴面纱、困守在家中的风俗发生了转变，使得埃及女性主义运动实现了一大跨越，荡涤了陈规陋俗，带来了人们满怀期待的转变。

1919年革命之后，埃及女性主义运动的先驱们开始了面纱改革，露出自己的脸部。1923年，埃及女性主义运动先驱、埃及妇联的创始人胡黛·沙阿拉维从法国留学回国时，勇敢地摘掉了脸上的面纱。埃及独立著名政治家、华夫脱党创始人萨阿德·扎格卢尔当时对沙阿拉维的勇敢壮举表示祝贺，并称她摘掉面纱的做法才"真正符合伊斯兰教法有关面纱的礼制"。③

胡黛·沙阿拉维认为，面纱使得埃及女性陷于停滞不前的境地中，因此她谴责将女性禁锢在家中并让她们穿着过分遮盖的服装的风俗。她说："虽然我喜爱埃及服饰，欣赏面纱给穆斯林女性带来的美丽，但与此同时，令我遗憾的是，面纱妨碍了穆斯林女性的进步，妨碍了她们更为充足地接受教育，妨碍了她们参加体育运动。"④

---

① 马利克·哈夫尼·纳斯夫：《女性》，胡达书局1996年版，第115页。
② 阿卜杜勒·法塔赫：《阿拉伯和埃及女性复兴历史》，新月出版社1984年版，第22页。
③ 胡黛·沙阿拉维：《备忘录》，新月出版社2001年版，第291页。
④ 同上书，第97页。

埃及女性教育先驱娜巴维亚·穆萨十分重视面纱问题，她从宗教角度出发对其进行了阐述，认为"《古兰经》并没有命令我们佩戴面纱，而是命令我们远离饰物。伟大的真主说：'对信女们说，叫她们降低视线，遮蔽下身，莫露出首饰，除非自然露出的，叫她们用面纱遮住胸膛……（24：31）'。① 真主只命令女性要遮住胸脯，并未命令她们要遮住脸部，蒙昧时期女性的首饰都是戴在胸脯上的。伊斯兰教命令规定女性在三种情况下可以露出脸部：朝觐时、演讲时、作证言时，却根本没有对遮盖脸部做出明确规定。因此，遮盖脸部的做法是毫无意义的"。②

娜巴维亚·穆萨呼吁用行动而不仅仅是言论来支持女性摒弃旧式面纱的行为。她说："一个人要想凭区区几句谴责来改变一个群体，反倒会让整个群体都起来反对他，给他加上莫须有的罪名。埃及人民就是这样群起而攻击阿明的，他们给他加上种种罪名，说他提倡女性抛头露脸是为了满足自己无耻下流的私欲，因此我决心以行动而不是言语来宣传抛头露脸。我的服装并没有使人们怀疑我的正直品行和我对东方美德的坚守，我露出脸庞的行为是符合《古兰经》和圣训规定的！所以，没有人能够损害我的名誉。"③ 虽然穆萨支持女性抛头露脸的行动，但她反对不道德的裸露行为。她说："我当初的设想成真了，现在埃及的女性能抛头露脸了，男人们甚至会质疑那些层层包裹自己的女性的心智。当年我切盼的事情已经实现了，但它并未按照我希望的方式实现。抛头露脸实现了之后，便出现了不道德的、炫耀姿色的行为。"④

穆萨这位埃及女性教育家认为，面纱是礼仪的标志，而不是遮住女性脸庞的服饰，她努力使自己成为学生们的榜样，"我避免自己遭到因论述面纱问题、提倡摘下面纱而带来的污言秽语，但即便如此，我还是给我的

---

① 马坚：《古兰经》中译本，中国社会科学出版社1996年版，第353页。
② 娜巴维亚·穆萨：《自传》，亚历山大书局2001年版，第80页。
③ 同上书，第80页。
④ 同上书，第81页。

学生提供了一个信得过的抛头露脸的榜样。我期望的抛头露脸，是一个女性不戴面纱、但其外表呈现出庄重守礼的形象。面纱并不会妨碍女性很好地露出脸庞，然而女性的礼仪是通过其着装、严肃的外表，而不是通过她的饰物、搔首弄姿的行为呈现的"。[1] 穆萨认为，她所理解的面纱，指的是女性如果没有非与男人接触不可、或非走出家门走到他们跟前不可的理由，就必须和男人离得远远的；如果女性不得不走出家门，则她们的服装和步态必须打消男人对她们的欲望，让他们离她们远远的，"这就是我所说的'面纱'"。[2]

娜巴维亚·穆萨甚至还调侃男性，要求他们把自己的脸也蒙起来，因为"男性比女性更有头脑、更有智慧。如果说女人会被你们的脸庞吸引——毫无疑问，你们的面容也是很美的——那么更有智慧、更有见识的你们怎么还会被女人的面庞吸引呢？只要你们还有头脑抗拒诱惑，就应该遮住自己的面容，而让女性露出脸庞，因为她们既无头脑又没见识"。[3] 可以说，穆萨在强调礼仪和面纱的重要性同时，只要求女性把脸部露出来，对旧传统做一个小小的改革。但是，即便如此，她"露脸"的做法仍然面临当时埃及社会传统势力的激烈批评。埃及著名诗人哈菲兹·易卜拉欣在参观穆萨创办的学校时，甚至与其发生了正面冲突，他严厉谴责穆萨"露脸"的做法"是一种诱惑"，认为女性应当把脸部也遮盖起来。[4]

可以说，穆萨对于面纱的观点和世俗自由派的观点是相近的。穆萨不拒绝面纱，但反对将面纱作为禁锢女性的标志，反对将女性禁锢在家中。因此，穆萨冲破了传统习俗的束缚，勇敢地露出了自己的美丽脸庞，走出家门创建女子学校，埃及教育史将永远记住这位教育界的女性先驱。

长期旅居埃及、客死开罗的巴勒斯坦女性作家梅·齐亚德，同样提倡

---

[1] 娜巴维亚·穆萨：《自传》，亚历山大书局2001年版，第79页。
[2] 同上书，第4—5页。
[3] 同上书，第80页。
[4] 同上书，第81页。

女性勇于抛头露脸，但同时又要恪守礼仪和贞操的限制。她认为，"女性应当是一朵带刺的玫瑰，如果一位女性不懂自持、不守礼仪和贞洁，那么她这朵玫瑰也就没有了刺"。她指出，如果女性不守礼仪和贞洁，那么她就没有尊严，人们也不会尊重她；如果女性穿着短而贴身、露出脖子和手臂的透明面料衣服在大街上招摇过市，即使她们内心是贞洁的，但她的衣着本身就不够端庄，难免会让人怀疑她的品行。①

综上所述，埃及女性主义运动经验派代表人物在面纱问题上的立场，大都没有超出伊斯兰教义在面纱问题上规定的礼制。经验派在谈论女性抛头露脸时，只将其定义为露出脸庞；她们反对面纱，认为伊斯兰教并未禁止女性露出脸部和双手。虽然埃及女性主义运动经验派的代表人物在面纱问题上的态度受制于伊斯兰教义，但她们的"露脸"行动却是当时埃及社会冲击面纱旧俗和禁锢女性做法的开端，具有重大的标志性和开创性意义。

第四节 有关女性自由的观点

19世纪末20世纪初，女性自由问题在埃及女性主义思想界各个流派之间引起了广泛争论，争论双方分为泾渭分明的两派，但奇怪的是，一部分启蒙时期的巨擘竟也宣扬让女性继续保持怯弱的论调。作为宗教改良派的代表人物，塔哈塔维曾论述道，胆怯与孱弱是女性的两种美德。他说："女性生来就有两种缺陷，一是胆怯，二是孱弱，我们应该从小培养女孩的这两种特质。实际上，这两种缺陷是两项美德。女性已经失去了完全的自由，蜗居在室内，她们自小就在这样的环境中受教养长大，这一切都是

---

① 梅·齐亚德：《言语与手势》，卷二，新月书局1999年版，第85页。

为了让她们变得服服帖帖。"① 这位埃及女性主义启蒙先驱如此主张，是因为在他的眼中，女性本来已经失去了完全的自由。他对怯懦和孱弱这两种缺点追根溯源，认为这二者在妇女身上是美德的体现。

塔哈塔维大力宣扬他的女性主义，认为直到19世纪中期埃及女性仍是男性逸乐的玩物，直到19世纪末阿拉伯社会中才开始出现许多解放女性的呼声。他断言，这种压迫女性、将其置于次等公民地位、将其视为注定要做社会奴仆的观点绝不能永远存续。但是，我们也应该注意到，19世纪老一辈的女性主义学者如塔哈塔维、哈姆扎·法塔赫拉等人并未主张女性解放，这是因为这些人都极力主张男性统治女性，而女性应继续对男性俯首帖耳，这种观点在当时得到了埃及社会宗教保守派和萨拉菲派的强烈支持，具有很深的社会基础。

然而，卡西姆·阿明明确主张，将女性从禁锢她们、恪守传统的家庭中解放出来。阿明认为，自由是人类进步的基础，是通向幸福的途径，因此一些深知成功秘诀的民族将自由看做是人类最为宝贵的权利。广泛的自由应成为推广女性教育的基础，必须先以教育的方式培养女性的思考能力，再赋予她们自由地思考和工作的权利。②

阿明认为，将女性藏在家中与赋予她们自由同为保护妇女的途径，但是前一种做法把女性看做是需要保护的器物，而赋予女性自由的做法则能提高女性的思维能力。他说："将女性藏在家中与赋予她们自由是保护女性的两种途径，可是这二者之间最大的区别在于它们导致的结果。前者将女性置于与器物同等的地位，因而牺牲了人道主义原则；但后者却是为人道主义服务的，它能提高女性的思维能力，使她们更臻完备。"③ 有鉴于此，阿明指出，"自由的特质就是要扫除将女性关在家中而产生的一些危

---

① 里法阿·塔哈塔维：《少男少女指南》，东升书局2001年版，第378页。
② 卡西姆·阿明：《新女性》，埃及最高文化委员会1999年版，第97页。
③ 同上书，第51页。

害,而自由的唯一缺陷则在于它在开始时可能会被滥用,但随着时间的推移,女性会逐渐了解自己肩负的责任,并承担自身行为的后果,还会逐渐习惯自强自立,保卫自己的荣誉,从而培养起真正高尚的德操"。①

阿明提醒道,在行使自由权利的过程中,需要一些时间来先使自由观念深入人心。他说:"在我们身体力行行使自由权利的时候,需要时间先让自由的观念在我们的头脑中扎根。欧洲人意识到了自由是一种权利,他们热爱自由,并尊重他人的自由,这是建立在他们充分认识自由并尊重自由的基础上的。"②

阿明有关女性自由的论述遭到了当时埃及社会保守人士的强烈批评。塔拉特·哈尔卜指责阿明的倡议违背了穆斯林女性的本性。他说:"解放也就是意味着争取一定的权利,但不超越界限,这就是我们听说的,我们发现它回到了野性,违背了人性,而这种解放在某些欧洲国家是允许的。每个民族都有其习俗和宗教联系,但是这种允许却与穆斯林的品德、宗教背景和习俗不相符,真正的法律是维护民族的权利,当面对一些违禁行为被允许时,要防止人们不受诱惑和挑唆而去犯罪。"③

作为伊斯兰复兴运动的著名思想家和宗教改良派学者,穆罕默德·法里德·瓦吉迪同样反对卡西姆·阿明有关解放女性的主张,并警告女性不要因此坠入深渊,因为女性对于这种虚幻独立的追求将会拉大她与男性之间的差距,这将会使她陷入永久的不幸中,而不是起先追求的自由。瓦吉迪批判西方女性的解放,认为这是对女性的一种压力,让其背负超越她能力的负担。他说:"可以看出'解放'这个词汇对于穆斯林女性而言,是一种强大的抑制力,使她不会陷入比现在还要低下的地位,女性只需要按照神为关照她而制定的自然法律,关注自身的教育和地位的提高。"④ 瓦吉

---

① 卡西姆·阿明:《新女性》,埃及最高文化委员会1999年版,第48页。
② 同上书,第24页。
③ 塔拉特·哈尔卜:《女性教育与面纱》,图尔基出版社2001年版,第114页。
④ 穆罕默德·法里德·瓦吉迪:《穆斯林女性》,图尔基出版社2001年版,第38页。

迪希望女性一直都处于男性之后,他提及了大量西方思想家关于男性和女性的差别这一问题的看法,甚至说西方人的说法其实是信奉女性解放的,而"正是这种认识,造成了男女之间的差距,这恰恰阻止了人们为解放女性而去做出努力,他们所有的努力和浅薄的论证在大自然和认识面前都烟消云散,徒劳无益"。① 瓦吉迪反对解放女性,也反对女性的绝对独立。"因为女性的绝对独立会成为她们不幸的源头,同时也会造成男性的不幸,所以我们应该停止对女性解放这件事的研究,而是寻找更好的途径改善女性的状况,但不超越神学所规定的框架,并且丝毫不违背人类本性。"②

但是,阿明有关女性解放的主张也并非孤掌难鸣,埃及女性主义世俗派代表人物艾哈迈德·卢特菲·赛义德同样呼吁解放女性。他说:"要给埃及女性从头到尾上的第一课就是让她们认识到自己是被创造的一个生物体,安拉赋予了她自由,安拉赋予她的东西只有安拉可以收回……如果欧洲女性生活在自由的环境下,那么,我们埃及女性也渴望个人自由。她们更需要被鼓励来实现自立,直至抹除她们心底因为独裁和藐视给她们造成的影响,呼吁女性呼吸自由的空气,这种自由因为一开始的专制传统而丧失殆尽,通过学习或劳动教育她们,告诉她们男性不能对她们怎么样,除非是在法律的框架下。"③

赛义德认为,民族解放是每个正确文明的基础,而女性是这个文明的基石。他说:"一个民族解放的唯一标志就是女性的解放,如果女性获得了社会自由,那么我们很容易就能实现全面解放和独立。"④ 因此,赛义德强调一个民族解放的开端就是女性解放,因为民族是整个社会的基础。如果女性是这个社会的奴隶,那么就不可能要求她养育自由的后代,奴隶只会养育奴隶,剥夺一个女性自立的权利,却要求她养育自由人和独立的年

---

① 穆罕默德·法里德·瓦吉迪:《穆斯林女性》,图尔基出版社2001年版,第45页。
② 同上书,第70页。
③ 艾哈迈德·卢特菲·赛义德:《女性选民》,埃及安格鲁书局2006年版,第35—36页。
④ 同上书,第228页。

轻女性，这是不可想象的事情，奴隶不可能养育一个自由人，只会养育一个和她有着同样地位的奴隶，因为母亲只能给她的孩子她自己所拥有的道德天性。

埃及女性主义运动经验派代表人物普遍赞同解放女性的观点。旅居埃及的黎巴嫩作家宰娜卜·法瓦兹说："自由和平等是文明的灯塔，城市化的依据，凭借这两样，真理永存，荒谬消失。"① 而埃及妇联的创始人胡黛·沙阿拉维认为，东方女性在经济自由上与西方女性有所区别，同时，西方女性在社会、政治自由上与东方女性有所不同。她说："西方女性要比东方女性更加幸运，尤其是穆斯林，因为她看起来在文明自由上占有很大的份额，和男性相当，但是在经济自由上，看起来就没有东方女性那样幸运了。东方女性在继承权方面与男性不平等的同时，在处理工作和管理钱财方面享有多种独立。我们发现西方女性和东方女性一样，没有权利继承财产，因此她不能花任何钱，未经丈夫的同意也不能从事工作，所以我们能够看到在欧洲的所有国家，女性们都对这种桎梏愤愤不平，因为这阻碍了她享有真正的自由。"②

至于东西方的差距，倡导埃及女性教育的"第一人"娜巴维亚·穆萨认为，东方社会的自由和平等是虚幻的，因为女性在现实生活中遭受着压迫。她说："我曾经很喜欢'自由'这个词，认为它是有特定意义的，但是时间告诉我，'自由'和'平等'是两个虚幻的名词，没有实际意义。"③

旅居开罗的黎巴嫩女性作家梅·齐亚德突出了在教育和培养中解放女性的意义和作用。她说："我关注女性解放，呼吁解放，但是它并不是许多人佯称的自由虚无主义，它们两者之间的区别在于其中一个有一定的界限，另一个摧毁这一界限并穿越这一界限。"她还认为，"如果女性习惯于

---

① 宰娜卜·法瓦兹：《宰娜白信札》，穆特瓦西塔书局1999年版，第7页。
② 胡黛·沙阿拉维：《备忘录》，新月出版社2001年版，第421—422页。
③ 娜巴维亚·穆萨：《自传》，亚历山大书局2001年版，第114页。

听从父母的意见，仅仅是昧着良知去从事一份工作，并不是受自己的意愿和良知的推动，将来她可能成为一位'母亲'，但是不会成为一位'妈妈'，尽管她的孩子会这么称呼她。因为母权有着高尚的意义，但难道就因为'妈妈'这样一个称呼，就可以使她主导自己的内心和思维吗？奴隶生养的只会是奴隶"。[①]

对于阿明和女性主义运动经验派代表人物对解放女性的主张，我们不需要理解得太多，只需要理解到这样一个层面：它主张在家里的时候，女性可以不戴头巾，获得解放，从而拥有政治权、社会权和经济权，这是为了获得权力的解放，而不是为了性自由的解放。我们不应该对女性解放这一主张产生误解，就好像保守派误解的那样，我们尝试着这样理解这个主张，它带来的是道德上的自由和解放，这种对自由的主张是为了让女性免遭欺凌，从而获得权利。

前面已经阐明，埃及女性主义世俗自由派主张解放女性，但却遭到了宗教改良派人士的一致反对。双方的主要区别在于，前者呼吁女性摘掉面纱，赋予女性社会、经济和政治自由，这种解放可以使女性获得自己的权利，他们宣传的女性解放并不是无所拘束和性自由，但是后者担心女性解放后男性地位的改变，所以他们希望女性一直服从于男性的统治，主张男性对女性的监护，而这种监护对于女性而言也许会是极其暴力的。因为这个原因，保守派侮辱主张女性解放的自由派，称他们是通过主张女性解放，宣传自由虚无主义和女性的毫无拘束，这甚至阻碍了女性解放运动。

[①] 梅·齐亚德：《女孩的机会》，诺菲尔书局1999年版，第28页。

第四章 女性教育之争

在奥斯曼帝国晚期，埃及女性的受教育权利遭到了变本加厉的侵犯，几乎被剥夺了一切受教育的权利。可悲的是，这种愚昧落后的做法在当前仍被一些伊斯兰极端组织打着反西化、反世俗化的借口来效仿。2014年的诺贝尔和平奖授予90后女孩马拉拉·优素福·扎伊（Malālah Yūsafzay），她是巴基斯坦西北部开伯尔—普赫图赫瓦省斯瓦特县明戈拉城的一名学生，以争取妇女接受教育的权利而闻名，并因此差点惨遭极端分子杀害。诺奖授予她，其中一个目的便是唤起世人对穆斯林女性受教育问题的重视。

其实，19世纪的埃及女性主义思想家普遍重视女性教育问题，这个问题在众多埃及女性主义思想家眼中都享有极高的地位，将之视为与民族复兴休戚相关的大问题。受教育的程度对于任何一个人、特别是女性的塑造至关重要，重视女性教育是建立家庭和社会的基石，因为女性往往是每个民族下一代的启蒙老师。

埃及女性主义思想家、特别是宗教改良派思想家，一般把女性接受"教"和"育"的权利分别论述。从某种意义上来说，这与中国人对教育的理解有着异曲同工之妙。在中国历史上，孟子最早把"教育"二字连在一起使用："得天下英才而教育之，三乐也。"实际上，按字面理解，"教"的含义是传授知识，也就是一般意义上的教育；"育"的含义是"培植"，它不仅隐含有"教"的简单意义,而且还有进行系统教育的含义。从形式上来区分,"教"主要靠口传身授,显声而有行;而"育"的方式则丰富得多,不但可以通过口传身授,还可以通过师表作用、道德操守、人格体现等方式影响学生,收到耳濡目染、润物无声之功。另外,在时效上,"教"或许可以立竿见影,学生可以靠理解和仿效完成认识过程;而"育"的内容则属于思想品德、行为习惯等个性发展方面,相对需要较长时日,一时三刻难显成效。

虽然也有一些埃及女性主义思想家把"教"和"育"笼统对待,但更多人认为"育"比"教"更加全面,这一点与中国人对这两个字的理解类似。大部分埃及女性主义思想家主张通过"教"启迪妇女的心灵,破除她们的迷信思想,他们的分歧在于,一些人认为宗教教育是第一位的,而另一些人认为应同时进行宗教和世俗教育。而且,大部分思想家一直认可教授女性手工和家政工作的重要性,认为这能帮助女性更好地承担家庭责任。可以说,埃及女性主义理论界对女性教育问题的认识是相对明确、一致的,在这一领域,没有出现像面纱问题和男女平权问题中出现过的、特别激烈的争论。

本书综合了上下文对"教"和"育"的定义与理解,也为了方便行文,将以"教学"和"教育"两词分别替代"教"和"育"这两个概念。

第一节　宗教改良派关于女性教育问题的思想观点

埃及女性主义宗教改良派一般把"教"和"育"这两个概念区别对待,而且更加强调"育"的重要性。其动因,一是为了排斥西方女性主义的女性教育观,认为后者可能导致社会道德沦丧、伦理失范,进而强调宗教对于教育的重要性;二是为了避免自身卷入宗教教育与世俗教育重要性的争论。被尊为埃及"科学复兴先行者"的里法阿·塔哈塔维就十分强调"育"这个概念的重要性。他说:"在教育方面能够视具体国情而进步的民族,其文明与进步程度便能够不断获得提高,而教育落后的民族,文明程度也相对落后。因此,教育是国民普遍受益的基础。"① 很明显,塔哈塔维强调教育须视一个民族的族情进行。他认为,良好的教育机制可使全社会的每一个人都能接受良好的教育,一个教育良好的民族可以进步成一个幸福的民族;而教育不良的民族,则充斥着道德败坏,没有任何出路,这样的民族专注于自我和欲望,没有底线,沉沦迷茫。基于此,塔哈塔维赞赏欧洲社会在教育方面给予女性等同于男性的重视。他说:"欧洲人的国家是最强大的国家,他们重视教育他们的女孩们,就像重视教育他们的男孩们一样。法国人自古的习惯就是在修女院中教育他们的女孩,这些女孩呆在修女院里直到结婚为止。很多女孩穿着修女的衣服,直到她们成为新娘,才走出这些私塾。"②

塔哈塔维如此推崇教育的概念,是源于其对"育"字的定义。他认为,"育"是从婴儿出生起到成人为止这一期间段对人感知器官的发展,也是运用宗教和生活知识对人类灵魂的发掘。该定义注重三个问题:一是对婴儿的哺乳;二是给予孩子最初的行为指导,教授他们道德规范;三是充实他们的头脑,教授他们知识,而这一项正是老师的职责。③ 尽管塔哈塔维对"育"的定义包括了对伦理、宗教和世俗知识的学习,但实际上,作为爱资哈尔宗教机构的谢赫,他更强调人类学习宗教知识的重要性。他甚至声称,"人类个体受育即整个民族受育,而这必须通过教授每个人都应知道的宗教教律来推进"。④ 塔哈塔维强调母亲对子女培养的重要性,指出母亲不应把育儿的工作交给他人来做。他说:"母亲把自己的孩子交给

---

① 里法阿·塔哈塔维:《少男少女指南》,东升书局2001年版,第379页。
② 同上书,第278页。
③ 同上书,第294页。
④ 同上书,第277页。

他人是种不良的育儿方式，母亲对孩子具有同情心和怜悯心，因此母亲是育儿的最佳人选，也是塑造孩子脾性的最佳人选。如果母亲的育儿工作做得好，而且一直坚持到孩子长大成人，那么孩子就会性格温和、行为道德、人性化，这些都是文明的特征。"① 塔哈塔维在赞赏母亲在育儿方面作用的同时，还不忘对欧洲人委托奶妈教育子女的现象进行褒贬，称母亲亲自育儿在欧洲已不多见，育儿的工作多被交给奶妈了。

塔哈塔维认为，必须消除孩子身上过分的自私，因为过分自私是邪恶的基础。他说："家长在培养孩子时，要消除他们心中利己的地狱之火，以及他们将一切事物占为己有的热情。他们对自己如此的热爱会变为对其他兄弟的仇恨，一个人只爱自己不爱别人，如何获得幸福？圣训说，你们只有像爱自己一样爱你们的兄弟才会变得虔诚。这句圣训是最伟大的宗教和政治伦理之一。"② 在此，塔哈塔维试图通过引用圣训这一教法依据证明他这方面价值观的正确性，他的理论基础来源于宗教经典。

塔哈塔维还曾赞赏致力于培养女孩谦逊品格的做法，认为谦逊使女孩保持适当的风雅，这种风雅就是指谦逊和性格温和。谦逊害羞本身便是女性的特点，而实际上这个特点可以使女性的内心更为强大，从某种意义上来说，它是女性摆脱男人纠缠的一种武器。因此，女性因谦逊而强大，只有穿上谦虚的铠甲，亮出害羞的利剑，女性才能够更好地保护自己。③ 塔哈塔维指出，作为女孩的家长，应该使她们保持谦虚，不应试图改变或削弱谦虚的禀赋，不应鼓励她们勇敢，不应消除女性的害怕和顾忌心理，而这些禀性都应在男性身上被改变，因为女性生来不是为了像男性一样勇敢的，是应该被保护的。④ 可以看出，塔哈塔维提倡培养女性的谦逊腼腆，甚至是柔弱胆怯，倡导男女本性之间天赋禀性上区别，认为男性优于女

---

① 里法阿·塔哈塔维：《少男少女指南》，东升书局2001年版，第386页。
② 同上书，第286页。
③ 同上书，第295页。
④ 同上书，第283页。

性，要保护女性。从女性主义的视角来看，作为埃及女性主义运动启蒙的重要人物，塔哈塔维的女性主义观点仍未能彻底摆脱宗教和大男子主义的束缚。正是这些价值取向，使得东方社会的女性失去了更多自己的权利。

另一位宗教保守派谢赫哈姆扎·法塔赫拉的观点更为极端，他几乎完全排斥西方世俗有关女性的教育理念，并竭力推崇伊斯兰教育观。因此，虽然法塔赫拉也认为穆斯林女孩应该接受教育，但他更关注的是男性如何择偶，才能培养好下一代。他说："伊斯兰教中教育的概念不仅仅是健全身体、丰富知识，我们教法中教育的概念更加全面，范围更广。伊斯兰教中的教育，还包括选择品德高尚的女子为妻，她们是孩子发育的基础，因此，（能否培养好下一代），要看她们本身是否健康、纯粹和高尚。"[①]

法塔赫拉完全否定西方教育观。他说："我对用西方方式教育东方人无话可说，古斯塔夫·勒庞就曾说过，这样的教育不能改善人们的道德而是将其推向腐败的深渊。而且，一个拥有《古兰经》的民族，完全不需要其他的教育方式。"[②] 法塔赫拉认为，依据《古兰经》对于女性进行培养已经足够了。总之，法塔赫拉的伊斯兰教育观完全建立在纯宗教的逻辑上，甚至认为在教育之初就应该训练孩子做礼拜和遵守其他教法伦理。

总之，19世纪的宗教改良派仍拒绝用教育来代替面纱，他们把教育与宗教联系在一起，试图在宗教逻辑的基础上建立教育观，他们把宗教放在教育的首位，拒绝或排斥西方的教育理念。

第二节 世俗自由派关于女性教育问题的思想观点

作为世俗自由派的代言人，卡西姆·阿明认为，宗教的衰落正是教育

---

① 哈姆扎·法塔赫拉：《浅谈女性在伊斯兰教中的权利》，布拉克阿米里亚出版社1889年版。转引自《现代阿拉伯思潮中的女性：时代论战述评》，第32页。
② 同上书，第62—63页。

不良造成的。他说:"近日总觉在方方面面都衰落了,这是因为头脑的衰落。阻止我们进步的第一原因就是对男、女性教育问题的忽视。"① 他认为,必须按照教育的规律和自由法则,让女性享有受教育的权利,因为自由而有教养的女性可以在其家庭中发挥巨大的作用,而无知的女性在家庭中的作用与"家中的女佣无异"。②

阿明认为,女性不是天生完美的,只有通过身体和头脑的教育才能使她们趋于完美。对女性身体的培育是必须的,这是为了让女性身体健康、保持美丽,因此女性应从事运动,柔弱的身躯中居住的是柔弱的灵魂,头脑的全方位健康必须有身体健康做保证。而对女性智力的开发则使得女性具有价值,女性负责子女的教育,因此她们需要享有受教育的权利,以便更好地发挥她们的作用。③

与塔哈塔维认为必须培养女性谦逊、内敛甚至是柔弱胆小的性格的观念相反,阿明认为,必须培养女性的独立性,理由是正确的教育方式应该培养出自力更生的强大个体,而受到良好培养的人可以自立,只有那些缺少培养的人才在各方面都需要别人的照顾。女性的独立性和男性的独立性应该是一致的,它能够提升自我,让女性远离卑鄙。因此,阿明认为,教育女性的独立性是女性教育的目的所在,那些认为培养女性独立精神会导致其道德败坏的人则是短视的,因为世界上任何事物都有其两面性,即使是有益的事情,如果处理或使用不当,也会适得其反。④

阿明进一步强调,让女性接受教育可以有效地保护她们,而不会导致她们走向道德败坏。他说,"对女性思想道德的培养可以保护女性","这是让一个民族的女性知晓高贵价值以及保持高贵的方法"。⑤ 阿明认为,正

---

① 卡西姆·阿明:《解放女性》,埃及图书总署1993年版,第101页。
② 同上书,第116页。
③ 卡西姆·阿明:《新女性》,埃及最高文化委员会1999年版,第73页。
④ 卡西姆·阿明:《解放女性》,埃及图书总署1993年版,第75页。
⑤ 同上书,第59页。

是不良的教育方式，才是导致女性轻浮的原因，它会让女性将目光停留在经过家门的男人身上，让她们冲着男人挥手，让她们摘掉面纱，让她们敞开大门迎接坠落，而且，这种现象就像瘟疫一样，会从一个女人传染到另一个女人，从一个阶层传染到另一个阶层。① 可以看出，卡西姆·阿明认为教育才是保护女性不受侵犯的真正"面纱"。

阿明的女性教育观遭到了传统势力的猛烈抨击。塔拉特·哈尔卜指责阿明推崇的是西式的教育模式，认为教育方式应与一个民族的利益和国情相结合，因为符合一个民族族情和理念的教育方式能在青年心中塑造良好的国家归属感。② 哈尔卜对女性教育的看法甚至具有萨拉菲倾向。他说："女性教育是男性教育的附属品，因为父亲对家庭的道德状况负责，他是一家之主，是家庭的守护者，家庭成员的道德是从一家之主那里沿袭下来的。如果一家之主带有罪恶和欲望，那么他的家庭也一样。如果他正直，那么他的家庭也一样。这是无可争辩的事实，我们社会现在的状况就支持这个观点。"③

与阿明一样，哈尔卜同样也把教育分为两类，一类是可感知的教育，即知识教育，第二类是精神教育，那是一门塑造人类思想、心智并对其进行良好调节的艺术。④ 但与阿明不同，哈尔卜把后者与宗教联系在一起，认为任何教育都必须涵盖心理教育，保持心理健康，而这是通过净化心理、清除幻想的污秽、灌输正确的信息、纠正信仰等手段来实现的。他认定，伊斯兰教能确保实现这一切。

哈尔卜倡导建立女子宗教学校。他说："（迄今为止），还没有哪位贤士建立以宗教为教育基础的女子学校，这种学校中有礼拜的地方，使宗教美德深入人心，给予女子足够的文学和科学知识，使得她们成为合格的妻

---

① 卡西姆·阿明：《解放女性》，埃及图书总署1993年版，第83页。
② 塔拉特·哈尔卜：《女性教育与面纱》，图尔基出版社2001年版，第58页。
③ 同上书，第51页。
④ 同上书，第54—55页。

子和母亲，抚养合格的男孩女孩。"①"不以宗教为基础的学校，不会教育学生伊斯兰风化，对一个伊斯兰国家来说没有好处，这样的学校存在不如不存在，因为正确的给国家和女孩带来好处的教育方式是宗教的、民族的教育方式。"②哈尔卜甚至大声疾呼："让我们建立以宗教原则为基础的学校吧！让我们的女老师们成为遵守伊斯兰风化的合格穆斯林吧！但愿穆斯林的国家不会没有合格的女教师。如果说埃及现在还没有合格的教育者，那么我们不要灰心，更不能以此为借口来引进那些欧洲国家的女老师，那样做有弊无益。"③

哈尔卜认为，埃及的复兴必须依靠教育，而教育必须遵循教法原则，必须行使宗教和道德原则，以便使得人们的心灵正直。④ 他指出，当埃及人忽视对孩子的正确教育方式时，埃及就落后了，正确的方式就是宗教教育，完全按照《古兰经》的教律教育。而当埃及衰落后开始追随西方文明，这个国家又在长达数世纪的时间里陷入动乱，这使埃及社会发生了巨大的变化，让埃及的复兴之路蜿蜒曲折，举步维艰。⑤

哈尔卜在两位伊斯兰复兴主义运动思想家穆罕默德·法里德·瓦吉迪和谢赫穆罕默德·拉希德·里达的思想基础上，丰富并建立了自己的理论体系，还在《女性教育与面纱》一书中加以阐述。里达同样反对西式教育，认为西化的人不注重在家中传递宗教精神，也不注重培养女性的宗教规范，以便她们教育自己的子女。他质疑说："假设爱国主义和民族主义教育可以代替宗教教育，那么，欧洲应该是有条件这么做的，但欧洲并没有这么说，也没有这么做"，"我不知道为什么穆斯林却要用这些来代替他们的宗教伦理教育"。⑥ 他强调"我们不应附和那些认为遗忘宗教能给民族

---

① 塔拉特·哈尔卜：《女性教育与面纱》，图尔基出版社2001年版，第48页。
② 同上书，第48—49页。
③ 同上书，第53页。
④ 塔拉特·哈尔卜：《女性教育与面纱》，图尔基出版社2001年版，第53页。
⑤ 同上书，第44页。
⑥ 穆罕默德·里达：《婚姻生活》，麦纳尔书局1999年版，第171页。

带来进步的人。事实上,欧洲人最重视宗教,他们所抛弃的只是一些与进步和文明不符的基督教习俗,因为这些习俗都是一些世俗领导人制定的"。里达提倡女性宗教教育,认为这可以提高女性在男性眼中的地位。他说:"如果女孩接受了正确的宗教教育,她们会道德高尚,成为善事的源泉、男人的挚爱。"①

谢赫穆罕默德·艾哈迈德·布拉甘(Mohamed Ahmed Bragan)对阿明的女性教育观也持批评态度。他指出,阿明提倡的是欧美女性的教育方法,有悖伊斯兰教法。他认为,女性教育是建立在对女性宽容基础上的,不能把她们与男性混为一谈,这样会导致产生很多不守妇道的女性,进而使得家属谱系变得毫无章法。布拉甘坚持认为,女性接受教育与否不是阻止埃及进步的最大障碍,真正的障碍是不坚持宗教而导致的衰败。② 在此,可以看到美德倡导者们是如何从道德角度批判阿明的,在这些人眼中,阿明甚至就像是在提倡色情。

另一位反对者阿卜杜勒·马吉德·海里(Abdul Majid Hari)也回应了阿明的女性教育观,尽管他没有直接阐明自己对女性教育问题的立场,但他提倡以宗教和美德为基础的教育。他说:"如果一个民族想要进步,就必须对他们的孩子进行教育,特别是宗教教育。政府要惩罚那些不守教规的人,禁止产生恶习的公共场所,让每个人都认识正确的事,行为端正,这样的民族会是最好的民族。"③

综上所述,大多数阿明的批评者们都认为,教育必须以伊斯兰教义为基础。他们斥责阿明试图以西方的方式教育女性,但可笑的是,阿明自己并没有明确说过这样的话,只是认为教育是女性真正的"面纱",能使她们保持美德,并把宗教的衰落归结于不良的教育方式。

---

① 穆罕默德·里达:《婚姻生活》,麦纳尔书局1999年版,第169页。
② 穆罕默德·艾哈迈德·布拉甘:《女伴》,东升出版社1997年版,第44页。
③ 阿卜杜勒·马吉德·海里:《稳固的动力·马吉德对卡西姆·阿明阁下的回应》,图尔基出版社1999年版,第10页。

第四章 女性教育之争

在遭到传统势力抨击的同时,阿明的女性教育观却得到世俗自由派人士的力挺。艾哈迈德·卢特菲·赛义德认为,女性教育是家庭系统的基础,而只有通过家庭这个单元,才能改革社会制度。他强调,女性教育可以改革家庭,因此应该全力推进行女性教育,以便改革埃及社会。① 赛义德呼吁将现代教育与埃及传统相结合进行女性教育。他说:"埃及女性应该接受两方面的教育,一方面是现代文明教育,这可以使她与接受过现代教育的丈夫相匹配;另一方面还需要接受埃及传统习俗教育,这可以使她与自己的母亲、岳母和婆家和谐共处。"②

赛义德批评那些禁止女性学习科学的人,特别是那些保守的宗教人士。他说:"许多人在谈到女性教育时,都禁止女性学习科学知识,这难道不就是呼吁禁止教育女性吗?"同时,赛义德还提倡必须对妇女进行精神上的教育,以纯洁她们的心灵。他说:"如果父母只纠正女孩子的身体错误,而不纠正她们精神上的错误,这是很奇怪的。教育能净化女性心灵,使她们摆脱恶劣的行为,充实她们的大脑,使她们成为优秀的人,有称职的丈夫伴随一生。"③ 有时,赛义德干脆把"教"和"育"视为同义词,认为"育"就是"教"。他说,家庭幸福是民族幸福的基石,父亲教育自己的女儿就是服务于全民族,"让我们把花在衣服首饰上的钱用于教育女孩吧!"④

赛义德认为,教育是缩小男女差距的手段之一,有助于男人放弃不婚的念头。他说:"不婚的行为是错误的,我们应该尽可能纠正,只有用现代教育来说服青年人,才能纠正这个错误,而这需要通过女性教育来实现。因为女性教育可以使女性与男性的思想和科学水平接近,使得婚姻

---

① 艾哈迈德·卢特菲·赛义德:《女性选民》,埃及安格鲁书局2006年版,第33页。
② 同上书,第18页。
③ 同上书,第114页。
④ 同上书,第116页。

幸福。"①

第三节　女性经验派关于女性教育问题的思想观点

埃及女性主义经验派同样重视女性教育问题。埃及女性文学家马利克·哈夫尼·纳斯夫认为，总的来说，女性教育，具体到埃及女性教育的目标是什么？目标就是近可能使埃及女性触摸幸福，使她们成为民族体里有用、鲜活的一分子，为她们承担妻子和母亲的责任做好准备。②她认为，子女缺乏教养是母亲无知的结果。纳斯夫说："我们知道我们自己和我们的兄妹没有受到教育，那是因为母亲的无知，难道我们明知有病，却不去医治吗？学校不管如何努力地教育学生的头脑，家庭也仍是对孩子具有特殊影响的。如果一个孩子感到他的母亲是有知识的，那么他会努力博取母亲的喜爱，他会努力获取知识，使得他和母亲的联系更加紧密。"③纳斯夫进而认为，良好的教育使得人们从小尊重值得尊重的人，即便这个人是敌人。教育不会导致道德沦丧，而缺少教育则会导致这样的结果。教育应该是家庭的工作，而不是学校的职责。④

纳斯夫还指出了埃及社会当时一个十分严重的问题，那就是女子教育依赖外国女教师的问题。纳斯夫强调，女性教育应该依靠本国女教师，即使当时条件不成熟，也应该选择充满智慧和修养的外国女教师。她说："因为埃及女性与西方女教师存在宗教和习俗差异，即使是充满智慧的外国女教师，也无法超越这一障碍。"⑤

---

① 艾哈迈德·卢特菲·赛义德：《女性选民》，埃及安格鲁书局2006年版，第130页。
② 马利克·哈夫尼·纳斯夫：《女性》，胡达书局1996年版，第136页。
③ 同上书，第111页。
④ 同上书，第80页。
⑤ 同上书，第141页。

纳斯夫还认为，在教育问题上，家庭和学校必须同时进行，家庭不能拖了学校的后腿。而改良派们应该反省他们针对女子参与学校学习的两难，因为埃及的问题出在家庭，无知的母亲是学校教育成功之路上最大的绊脚石。即使学校老师努力充实学生的头脑，教授她们美德，但是，如果家庭缺乏学校所倡导的环境，那些知识没有耳濡目染的实践，很快就会被孩子们抛诸脑后，特别是道德问题。①

埃及女性教育先驱者娜巴维亚·穆萨对教育的观点深受其压抑的工作环境的影响。她坚持认为，她的教育方式是正确的，是建立在诚实和意志的基础上的。但是，这种教育方式不适合埃及这样一个被殖民的国家，因为被殖民国家的人们习惯了崇洋媚外，领导轻视下属，常常因某些原因或毫无原因侮辱下属，如果下属拒绝这种侮辱，那么他就会遭受贫困，在工作中遭到排挤。这一切正是穆萨在自己的工作和生活中的遭遇，她认为自己彻底失败了。而失败的原因正是她的教育方式不接受委屈，哪怕是一点点。② 因此，穆萨提倡给孩子的教育要有利于他们投身生活战场，这样他们才能赢得生活幸福。③

穆萨否定在教育问题上男女有别，认为这种区别对待正是导致夫妻互相厌恶与不和的第一要因。如果夫妻爱好不同，他们如何能和谐呢？男人被按照正确的原则进行教育，学习高级的舶来知识，与先进民族接轨，学习他们的语言，受到他们良好习惯的影响。而埃及女性大多数仅仅学习刺绣、烹饪和洗涮，只用自己的母语读写，只对这些有限的事物感兴趣，这样一来，埃及女性就难以和那些接受过西式文化教育的男性合拍，无法与之进行科学探讨。男性接受了与时俱进的现代教育，而女性接受到的却仍是古董式教育，那么男性怎能不嫌弃他的另一半，甚至抛弃她们去追求外

---

① 马利克·哈夫尼·纳斯夫：《女性》，胡达书局1996年版，第34页。
② 娜巴维亚·穆萨：《自传》，亚历山大书局2001年版，第31页。
③ 娜巴维亚·穆萨：《女职员》，第78页。

国女性？因此，在教育问题上区别对待，对于维系男女关系来说是巨大的危险，这对民族是有很大危害的。①

因此，穆萨批评只教授女孩做家务的做法，认为这是对女孩天赋的谋杀，将她们置于女仆的地位，这种不全面的教育方式可能是埃及女性愚昧落后的根本原因。② 但是，批评并不意味着穆萨否定女性承担家务，而只是否定把女性教育仅仅局限于家务。③ 因此，穆萨强调了母亲角色的重要性，用长远眼光来看，母亲的角色无疑是重要的，对母亲的教育值得重视，因为她们的行为和道德影响孩子的未来，她们先于老师将习惯根植于孩子幼小的心灵。④

与此同时，穆萨也强调教育必须基于宗教信仰，认为宗教是道德的源泉，应该培养孩子的道德情操，而这只有通过提倡美德的宗教才能得以实现。因此，男女都应恪守宗教，这样他们才能道德完美、行事规范。⑤ 穆萨在她撰写的《女子学校的阿拉伯阅读》一书中，就十分推崇在女性中传播美德的做法。她还引用了一些历史故事来支持自己的观点，这些故事集中体现了阿拉伯人的道德和文明规范，穆萨赞赏这些阿拉伯人的传统习俗，热爱阿拉伯语言文字，并致力于身体力行。⑥ 另外，穆萨认为，男女之间在美德修养方面不应该有差别，双方都像眼睛需要光明一样需要美德。而女性又似乎比男性更需要品德修养，因为她们总是和孩子们在一起，承担着育儿任务，母亲的影响通常在孩子长大后埋藏在他们心里。⑦ 因此，穆萨重视将诚实、守信、知足常乐等价值观根植于儿童心中，试图

---

① 娜巴维亚·穆萨：《女职员》，第39页。
② 同上书，第40页。
③ 同上书，第48页。
④ 娜巴维亚·穆萨：《女子学校的阿拉伯阅读》，转引自《现代阿拉伯思潮中的女性：时代论战述评》，第13页。
⑤ 同上书，第18页。
⑥ 同上书，第2页。
⑦ 同上书，第4—5页。

用很多历史故事佐证她关于美德培养的观点是正确的。① 当然，对于埃及女性身上存在的一些陋习，穆萨也一针见血地提出了批判，如在葬礼上哭喊、过分讲究衣着等等。而让穆萨最看不惯的，则是那些愚昧的埃及中青年妇女跳大神，认为那是她们无知迷信的明证。②

长期旅居埃及、客死开罗的黎巴嫩女性作家梅·齐亚德同样重视教育对于母亲的重要性。她指出，如果要进行全面的改革，那么就应从女性教育开始。她说："我说的是教育而不是使其有文化知识，因为教育是基础，文化知识是分支。女性教育将来会像男性教育一样重要，因为女性是母亲。"③ 她强调，要改革男性，就需要教育女性，要改革女性，也需要教育女性。女性教育是民族复兴的唯一手段，女性教育在家庭、家族和国家层面都需要推进。④ 因为母亲是教育整个民族的人，因为在一个民族身上看到的、令人不满的现象，都是对母亲教育的缺乏造成的。如果要想改变公众的行为方式和道德品德，就必须推进女性教育，因为女性将成为母亲，而奴隶的孩子还是奴隶，自由人的孩子还是自由人。⑤

很明显，女性经验派人士对女性教育都持相对温和的赞赏立场，认为女性教育是一个民族、一个国家进步和繁荣的根基，因为孩子和社会的进步蕴含于女性进步之中。大多数女性经验派人士也都把教育和建立宗教伦理道德体系联系在一起，这意味着她们考虑到伊斯兰社会在这方面的特殊性。大多数女性经验派人士认为，女性教育不应局限于家务，因为她们反对女性教育的目的是使之成为女仆。她们认为，女性教育应该是全方位的，这样才能实现男女平等，相互匹配，婚姻和谐。而从宗教和民族特性出发，也有一些女性经验派人士不赞成西式教育方式，认为这有可能动摇

---

① 娜巴维亚·穆萨：《女子学校的阿拉伯阅读》，转引自《现代阿拉伯思潮中的女性：时代论战述评》，第5—11页。
② 同上书，第45—46页。
③ 梅·齐亚德：《未知工作》，阿联酋文化局1996年版，第393页。
④ 同上书，第394页。
⑤ 同上书，第448页。

东方的宗教和道德价值体系。

第四节 埃及女性主义学者关于女性教学的思想观点

一、宗教改良派对女性教学的观点

现代埃及对女性教学的重视始于奥斯曼帝国后期穆罕默德·阿里任埃及总督时期。穆罕默德·阿里曾倡议建立一所女子医生学院,但是当时埃及传统社会仍然盛行"女子无才便是德"的旧思想,普遍禁止年轻女性接受科学文化知识教育,因此这一"超前"的壮举并未被埃及社会普遍接受,也未能得到埃及女性的积极响应。于是,穆罕默德·阿里就把一些来自苏丹的年轻女孩送到这所学校接受教育。1831年11月,穆罕默德·阿里下令购买10个年幼的苏丹女奴,送进这所女子医生学院学习接生技术,这些女奴都是由法国医生安托万·克鲁特精心挑选的。[①] 除了建立女子医生学院以外,穆罕默德·阿里还任命了多名外国女教师和年老的本国男教师,在皇宫教授女眷们科学文化知识。皇室和皇亲国戚的女眷接受现代教学,一时成了埃及显贵家庭争相效仿的时尚。[②]

历史不会忘记,正是穆罕默德·阿里这位开明的埃及总督,教会了第一批阿拉伯穆斯林女子如何读书写字,如何医治人们的生命。但是,伊斯梅尔帕夏比穆罕默德·阿里更为心胸宽广,在埃及女性复兴的道路上也走得更远。当时,伊斯梅尔帕夏从更宽阔的视角思考建立女子学校,促使埃及女性复兴,让她们追赶上国家复兴的步伐。他开设了许多女子学校,最著名的有逊尼女子学校和苏优夫女子学校。伊斯梅尔帕夏在埃及女性复兴史上写下了最光辉的一页,他不仅开设了女子学校,还要求大多数女学生

[①] 梅·齐亚德:《泰穆尔的阿伊莎》,埃及新月书局1999年版,第393页。
[②] 杜丽亚·莎菲克:《埃及女性运动的发展》,文学出版社2005年版,第44页。

寄宿在学校，与家人减少接触，其目的是为了让她们与旧环境隔离，在新环境下自由成长。另外，他还走出了挑战传统习俗的危险步骤，允许女子学校的女孩摘掉面纱。①

同样，19世纪的女性主义宗教改良派也重视女性教学的价值。塔哈塔维认为，教学是女性精神教育的一部分。他说："教学是人类获取未知知识的最重要手段，是人类精神教育的一部分，精神教育可以充实头脑，磨练心智。"② 塔哈塔维赞赏女性主义运动取得显著成绩的伊斯梅尔帕夏时代，认为当时在获取知识方面，埃及男女是平等的。知识不像遗产那样，男性可以获得女性的两倍（伊斯兰教规定男性可以获得女性两倍的遗产），这就铺平了两性共同求知的道路。知识的黎明扫除了女性无知的黑暗，她们被希望所鼓舞，像男孩一样上学，走出学校，她们对知识从无到有，从迷惑到清楚。

塔哈塔维认为，必须教授女性文化知识，必须教女性写字，社会不要顾及一些由此带来的"小害处"，而禁止女性写字只能增加她们因无知而带来的嫉妒。③ 他强调，女性学习知识的益处远大于害处，而且甚至根本就没有什么害处，因为教授女性知识就是让知识的明灯照亮她们的头脑，让她们知道有用的知识，这是完美女性最好的特征。他认为，如果女性拥有足够的知识，她的头脑就更完美。④

塔哈塔维竭力推崇普及初级教学，认为必须在初期教学中实现所有人的平等。他说，公共教学是男孩女孩在学校里接受的教育，分为初期的小学教学、中学教学和终极教学。小学教学必须人人平等，所有人都必须参加，无论是穷人的孩子还是富人的孩子，无论是男孩还是女孩。小学教授《古兰经》和写字，"就像旅途中人所需要的水和大饼一样"。而中学教学

---

① 杜丽亚·莎菲克：《埃及女性运动的发展》，文学出版社2005年版，第50—51页。
② 里法阿·塔哈塔维：《少男少女指南》，东升书局2001年版，第385页。
③ 同上书，第393—394页。
④ 同上书，第368页。

则不是每个人都须接受，因为其有一定的难度。尽管如此，塔哈塔维还是要求在那些渴求中学教学的人群中普及中学教学，"以便使这些人进入中产阶级"。①

尽管塔哈塔维重视女性教学，但他同时认为，女性不应该在高级知识领域与男性竞争，因为这会在两性之间产生竞争和敌对关系。他说："如果女性接受艺术和科学的教学，进入文学的世界，并努力学习，使她的天赋达到男性的水平，进入了高级知识的领域，达到了最高的境界，在各方面战胜男性，那么她说话做事就和男性一样，这样，女性收获的只有竞争和敌对"。②

事实上，塔哈塔维有关重视女性教学的呼吁，其目的是为了让女性更好地适应婚姻生活，使她的丈夫和家庭幸福。他说："女性需要学习知识来指导她们的婚姻生活，指导她们如何教育孩子走正道。教学能够增进女性修养、智力和知识，使她们能够参与男性的对话和意见，让她们在男性心中地位上升，消除她们的荒诞与鲁莽，使她们能够在需要时处理本应是男人处理的事务。"③ 因此，埃及宣扬社会主义思想的"第一人"、世俗派学者萨拉玛·穆萨认为，塔哈塔维的女性教学观是有局限性的，是建立在为男性和孩子服务的基础上的，他并没有把女性教育提升到培养女性人格和人性的高度。④

另外，塔哈塔维还认为，与教授女性世俗知识相比，教授她们宗教知识更重要。他的理由是"人类被创造出来就是为了认主独一的"，因此应该从一开始就教授孩子教法的知识，国家应按照教律运转。宗教知识如《古兰经》、经文注释、教法和圣训等，都是最重要的知识，孩子们必须知

---

① 里法阿·塔哈塔维：《少男少女指南》，东升书局2001年版，第360页。
② 同上书，第374页。
③ 同上书，第392—293页。
④ 萨拉玛·穆萨：《女性不是男性的玩偶》，萨拉玛·穆萨出版社2004年版，第77页。

道是什么清真，什么是禁忌，必须与世俗划清界线。①

与塔哈塔维同时代的阿拉伯大旅行家、基督教马龙派学者艾哈迈德·法里斯·希迪亚克（1805—1887年）重视女性教学问题，他认为东方女性的缺点就是无知，因为受教育是被禁止的。他说："东方女性唯一的问题就是无知，这是可以原谅的。"他还认为，如果女性学习了文化知识，那么她们就不会整天去关注那些所谓的"阴谋诡计"。②

希迪亚克批判那些认为女性教学会导致腐败的观念。他说："阿拉伯人认为女性读书是腐败的，认为女性一旦学会了写字，就会给她的情人写信，尽管她们一旦被离婚就只能靠自己生活，尽管她们比男性更加腼腆端正，但她们如果被禁止某些东西，就会不停地试图摆脱这些禁锢，这就像水一样，越是激流越是清澈"，"如果女性学会了读书写字，他们会变得更好"。③他强调，女孩的无知不能阻止她们认识男人，打探他们的消息，甚至，无知反而可以促使女孩更加向往男人，向往听命于男性而毫无顾忌。反之，如果女孩们受了良好的教育，她们就会通过观察和思考了解男性。希迪亚克认为，女性教学可以使女性被尊重，使她们和男性之间建立平等的关系。他说："女性如果知道她们在知识面前与男性平等，她们就会用知识阻止男人对她们的影响，而男性自己也会体会到女性的优点，停止侵犯对方。"④

阿卜杜勒·拉赫曼·卡瓦基比也赞同希迪亚克的上述观点，认为"我们道德的衰败有一个和女性有关的重要原因，那就是让女性处于无知状态，这和我们先人的做法是完全不同的。在古埃及，有阿伊莎和数百名女性圣人门徒和女性传述者"。卡瓦基比否定埃及社会当时流行的"知识产

---

① 里法阿·塔哈塔维：《少男少女指南》，东升书局2001年版，第288页。
② 艾哈迈德·法里斯·希迪亚克：《法尔亚克之欲望人生》，埃及国家艺术出版社1993年版，第51页。
③ 同上书，第73页。
④ 同上书，第56页。

生放荡、无知保全贞洁"的说法,认为"一个有知识的女性可能比一个无知的女性更放荡,但是,无知的女性比有知识的女性更敢于放荡,……而女性无知的危害和对孩子道德的消极影响是明显的,这一点毋庸赘言"。①

谢赫哈姆扎·法塔赫拉把"教"和"育"联系在一起,试图从教法的角度说明世俗知识的重要性。他说,家长对孩子进行良好的教育是孩子的权利,这在《古兰经》和圣训里面是有依据的。而伊斯兰教法在许多问题上与体育、自然科学相联系,比如确定礼拜方向、礼拜时间、封斋时间以及财产分割等。因此,伊斯兰教不仅不禁止学习这些文化知识,而且认为它能够加深信徒的虔诚程度。②除了教授女性世俗和宗教知识以外,法塔赫拉还要求教授女性写字和手工。他说:"对于教授女性写字,毫无争议这是可以的,只要不引起道德腐败。在教授女性宗教之后,也可以教授一些手工,像缝纫、纺织、刺绣。"③

尽管谢赫穆罕默德·本·胡加·杰扎伊里的观点较为保守,但他同样支持女性学习知识,认为女性的无知会让她们落入可怕的深渊,导致她们产生很多错误的观点,比如吃药便能怀孕、爱情的存续依赖护身符、用精灵祈福避祸、轻信江湖医生等等。④ 杰扎伊里认为,男性的无知是导致女性无知的罪魁祸首,因为男性拒绝教授女性知识。他承认,西方女性的高贵来源于其知识储备,知识使人有教养,教人规范和崇高。他指出,尽管伊斯兰教义强调求知是每个穆斯林的义务,但穆斯林女性似乎被看做是个例外,她们甚至分不清清真和禁忌,就像是动物一样,而这一切都是因为她们不会写字,因为写字是获取知识的钥匙。因此,杰扎伊里呼吁女性必须学会读书写字,懂得知识与礼教,这对于女性来说是最美的事情,比美

---

① 阿卜杜勒·拉赫曼·卡瓦基比:《村妇》,第178—179页。
② 哈姆扎·法塔赫拉:《浅谈女性在伊斯兰教中的权利》,布拉克阿米里亚出版社1889年版,转引自《现代阿拉伯思潮中的女性:时代论战述评》,第39页。
③ 同上书,第44页。
④ 穆罕默德·本·胡加·杰扎伊里:《关注女性权利》,东升书局1999年版,第18页。

貌更能吸引男性。因为读书，了解人类的过去和现在，女性获得美德，理解每个人对于造物主和自己的孩子应尽的义务。①

但是很可惜，杰扎伊里的女性教育思想是也是有局限的。他认为女性应学习教法和家务，但他不要求在接受教育方面男女平等。他说："我的目的不是要让女性的受教育程度达到男性的水平，而是要让女性获得教法知识、婚姻权利，掌握缝纫纺织刺绣，知道一些艺术的原则，使她们把家打理得干净整洁，能够教育孩子，因为目前女性是孩子的第一所学校。"②

综上所述，19世纪埃及女性主义宗教改良派虽然对女性教学持积极立场，但是他们大部分注重于教授宗教知识，就连女性学习世俗知识，也是为了加深她们对宗教知识的理解。同时，他们还要求女性学习做家务，如刺绣、缝纫等。总之，改良派为女性教学确立的目标，就是使女性能够更好地履行婚姻义务，"教"的出发点是为男性及家庭服务。因此，他们有些人不认为男女在接受教育方面需要实现平等，特别是女性不能比男性更权威。他们对女性教学是有界限的，普遍赞同把女性局限于家庭。但是，在当时的埃及社会，他们的观点仍有积极的一面，与那些认为女性学习文化知识会使她们道德败坏的保守派相比，其进步意义是很明显的。

二、世俗自由派对女性教学的思想观点

卡西姆·阿明认为，知识是民族探求其需求的途径，通过学习知识，人们才能懂礼守法，有自知之明，并懂得反省自我，不断进步。他说："知识是人类从衰落中崛起的唯一途径，每个人都有权力开发自己的心智。"③ 阿明认为，女性同男性一样需要真知，需要健全头脑来控制心态，

---

① 穆罕默德·本·胡加·杰扎伊里：《关注女性权利》，东升书局1999年版，第80—107页。
② 同上书，第105页。
③ 卡西姆·阿明：《解放女性》，埃及图书总署1993年版，第143页。

指导她们在生活中做好每一件事情。他强调，女性需要充实知识以使其成为会思考的人，求知是人类的生命需求之一，是每个文明社会的第一需求。"知识是每个想要获得精神和物质幸福的人都要追求的终极目标。"①阿明认为，西方的文明先进源于他们的知识先进，而阿拉伯的文明落后则是由于他们在知识储备上的落后。他说："西方人在知识面上的先进，帮助他们在文明上取得进步，而我们在知识面上的落后，则是我们文明衰败的原因之一，无疑我们衰败的重要标志，就是我们对女性的落后看法。"②

阿明对那些阻碍女性接受教学的人以及那些声称教学会导致女性道德沦丧的人进行了有力回击。他认为，埃及社会大多数人一致同意的、唯一阻碍女性受教育的障碍，就是害怕知识会使女性道德沦丧，因为埃及男性有一个根深蒂固的观念，那就是女性的知识储备和贞操保持是相对立的。对此，阿明说："我们否认知识会导致女性道德滑坡，强烈地否定！知识会提升女性的气质，为她们带来社会地位，健全她们的头脑，让她们能够思考，让她们有远见。女性受教育的后果不会危害社会，因为她们比无知的同胞更畏惧做事的结果，不肯轻易做出有损其名节的事情。而无知的女性则不同，她们的道德水平是幼稚的、轻浮的。"③

因此，阿明呼吁必须教授母亲文化知识，认为"所有的母亲都应该有知识，她们越是知识丰富，越是能为教育好下一代做好充足的准备"。④ 另一方面，阿明认为，女性不仅应该学习读写阿拉伯语和外语，还应该学习自然社会科学和历史，以便了解生物运动的法则、人类的状况等等。女性还应该学习健康知识和人类器官的功能，以便更好地教育孩子。⑤

事实上，阿明针对女性教学的观念仍是复古的，有所顾忌的。他说：

---

① 卡西姆·阿明：《解放女性》，埃及图书总署1993年版，第33页。
② 同上书，第33页。
③ 同上书，第55—56页。
④ 同上书，第78页。
⑤ 同上书，第101页。

"我不是要求男女在教学上实现平等,那不是必须的。但我毫不犹豫地要求,至少在小学教学上实现男女平等,在这个文化程度上,像重视教授男孩一样重视教授女孩。"① 可见,阿明的上述观点与埃及女性主义宗教保守人士的观点是类似的。阿明认为女性接受小学程度的教学水平就足够了,这种让步至少出于两方面的担忧:一是担心自己的观点不被19世纪的埃及保守社会所接受,所以做出妥协,以期循序渐进,推动女性接受教育;二是担心在女性受教育权利问题上矫枉过正,会遭致保守派群起而攻之,导致前功尽弃。因此,他在这个问题上做出妥协,提出一个貌似最符合当时埃及社会现实的折衷方案。

阿明的妥协遭到了一些在女性教学方面持相对激进立场人士的批评,即使是在许多女性主义观点上力挺他的世俗自由派人士艾哈迈德·卢特菲·赛义德,也认为女性教学不能止步于小学,"至少必须完成中学,因为小学教育对女性头脑的影响十分有限"。② 赛义德从当时埃及社会男性大量与外籍女性通婚的现象出发,倡导"教"和"育"都应实现男女平等,"这样就使得男性不会因为外国女性拥有知识而与她们结婚"。他还提出了学校增加女教师以加强女孩文化知识教学的建议,以使两性的知识水平尽量接近。赛义德认为,"不会读写的女性什么都不知道,必须丰富她们的大脑,鼓励她们的独立性,让她们接受世界文明以及不同的学科,而这些学科是在中学才接触到的"。③

阿明的批评者在批驳其女性教学观的同时,呼吁必须教授女性知识,但他们发出呼吁的初衷是为了提升女性在男性眼中的价值。塔拉特·哈尔卜认为,年轻女性可以接受知识以便从中受益,这里的知识指的是读书写字、《古兰经》等宗教知识,以便年轻女性知道自己的义务、权利和责任。

---

① 卡西姆·阿明:《解放女性》,埃及图书总署1993年版,第52页。
② 艾哈迈德·卢特菲·赛义德:《女性选民》,埃及安格鲁书局2006年版,第19页。
③ 塔拉特·哈尔卜:《女性教育与面纱》,图尔基出版社2001年版,第64页。

而算术、工程、地理、国家简史等文化知识，则有助于丰富女性的思想，使她们更懂得礼仪，这样，就有助于她们与男性交流，提高她们在男性心目中的地位。① 哈尔卜强调，为了使教学服务于民族利益，教学的重点应该放在教授阿拉伯语和宗教知识的私人学校，而不是"那些教授外语和其他知识、忽略阿拉伯语和宗教知识的公立学校"。② 哈尔卜认为，教学是通过保持本民族语言和宗教来维护民族特性的一种手段，因此那些主张引进西式教学、美化欧洲女性状况的人，只会增加埃及社会的腐败程度。③

哈尔卜的上述观点是建立在伊斯兰复兴运动思想家穆罕默德·法里德·瓦吉迪和穆罕默德·拉希德·里达两人思想基础上的。瓦吉迪用教法证据证明女性教学的重要性，同时举了很多例子否定西方的教学方式以及男女受教育权利平等的观念，并大量引用了当时一些批评女性学习世俗知识的西方人士的观点。④ 瓦吉迪认为，伊斯兰教学方式是"一个完全符合女性天赋禀性的模式"，如果女性的天赋和特点按照伊斯兰教学方式来发掘，那么"穆斯林女性就能达到自然状况下所能达到的最高境界"。⑤ 瓦吉迪敦促女性在学习宗教知识之外学习一些必要的世俗知识，因为这些知识有助于她们操持家务。而里达则用一种复古的方式阐述了对女性教学问题的看法，他不认为女性教学是一个导致女性道德滑坡的原因。他说："我国不少接受西式教育的人在婚姻问题上都不要求女性接受过教育，只有少数受教育者认为女性受教育是一件好事。而事实上，受教育的女性才能敢于面对男性，才能给她喜欢的男人写信。"⑥

穆罕默德·拉希德·里达批评家长们把女孩送进世俗学校学习的做法，认为这些家长分不清伊斯兰教育和非伊斯兰教育。他说："把女孩送

---

① 塔拉特·哈尔卜：《女性教育与面纱》，图尔基出版社2001年版，第64页。
② 同上书，第66页。
③ 同上书，第66—67页。
④ 穆罕默德·法里德·瓦吉迪：《穆斯林女性》，图尔基出版社2001年版，第191—197页。
⑤ 同上书，第201页。
⑥ 穆罕默德·拉希德·里达：《婚姻生活》，麦纳尔书局1999年版，第172页。

去（世俗）学校的父母，他们不知道孩子们在学些什么，也不知道送到那里去有什么好处，只知道受教育的女孩会受到富有婆家的青睐。在这个动机下，父母分不清伊斯兰学校和非伊斯兰学校的区别，根本没有考虑（世俗学校的教学）可能会使她们的女孩道德败坏、远离宗教和民族习俗的危险。"① 在此，里达表露了他对世俗学校冲击伊斯兰价值观的担忧，这种担忧也让那些改良派变得更加激进。里达认为，女性教学应该是帮助女性操持家务的工具，女性应该知道的知识不应超出本质。知识使女性成为男性的挚爱和归宿，使她们的丈夫的生活更加美好，可以帮助她们操持家务、教育孩子，而不是让女性通过学习知识成为哲学家、政治家和领导人。② 因此，为了家庭，里达认为埃及女性应该精通自己民族的语言和礼教，懂得算术以及持家、健康、道德和教育等方面的知识，而她们的道德和教育知识应该建立在宗教基础之上，包括宗教的教义、礼仪、禁忌、世界历史和本国历史等。除此以外，里达还建议埃及女性学习一些经济、缝纫、刺绣、烹饪等相关知识。③ 可以看出，里达所倡导的女性教学都是有助于女性持家育儿方面的知识。

谢赫穆罕默德·艾哈迈德·布拉甘在女性教学问题上对卡西姆的回应有点类似于发布伊斯兰宗教令。他说："知识就像妇女解放运动中涌现的事物一样，其中有符合教法的，比如宗教、两性相处、持家、育儿、节俭等方面的知识，都是可以学习但不是必须学习的。"布拉甘禁止女性学习音乐知识，至于工程和医学，布拉甘不要求女性学习，但允许她们选择学习。④

阿卜杜勒·马吉德·海里在回应阿明对女性教学问题的观点时，也强调教授女性宗教知识的重要性。他说："若想让教学有用武之地，并通过

---

① 穆罕默德·拉希德·里达：《婚姻生活》，麦纳尔书局1999年版，第173页。
② 同上书，第173页。
③ 穆罕默德·拉希德·里达：《婚姻生活》，麦纳尔书局1999年版，第33页。
④ 穆罕默德·艾哈迈德·布拉甘：《女伴》，东升出版社1997年版，第10—11页。

教学找到我们追求的目标，那只有把宗教教育放在首位才能实现。宗教教育包括教义、礼仪和处事信仰的教育，而其他世俗知识学个大概就行，以免妨碍人们精通宗教知识。"①海里固执地认为男女天性有别，女性缺少心智和文明，而宗教教育就是提升人们文明水平的最佳途径。他说："女性缺乏礼教，而坚持宗教教育比其他都重要。因为没有什么能像宗教这样使人文明，影响她们，指导她们提高素质，拥有美德，而且这也是每个穆斯林最应尽的义务。"②

综上所述，作为世俗自由派的代表人物，卡西姆·阿明呼吁重视女性的教学问题，教授女性科学文化知识，认为女性的知识水平与当时埃及社会流行女性贞操观并不相悖，女性学习知识不会导致社会道德滑坡。为此，阿明呼吁学习借鉴西方的女性教学方式，以提升埃及女性的文化水平，健全她们的头脑。与此同时，阿明并不反对女性学习宗教知识。另一方面，阿明的批评者则认为，女性学习世俗知识有时会让她们偏离伦理道德规范，他们虽然强调女性学习的必要性，但认为必须把宗教教学放在绝对的首位，必须建立宗教女性学校，以便让那些他们认为缺乏礼教的女性学会知书识礼。阿明的批评者十分担心，一旦引进西式教学方式，开放女性教学，那么西方的知识和宗教信仰会像西方殖民占领阿拉伯土地一样占领女性同胞的头脑。因此，这些人总是强调，必须在女子学校传播宗教知识，这可能与当时伊斯兰民族在各方面遭受西方殖民的历史背景有关。

实际上阿明与他的批评者们关于女性教学问题的认知差距十分微小，因为双方一致认同教授女性知识的必要性，差别仅仅在于阿明认为应该同时教授世俗和宗教知识，而他的批评者则认为宗教知识应该是第一位的，这是出于保持民族和宗教特性的需要。

---

① 阿卜杜勒·马吉德·海里：《稳固的动力·马吉德对卡西姆·阿明阁下的回应》，图尔基出版社1999年版，第24页。
② 同上书，第21页。

第四章 女性教育之争

作为当时埃及社会自由主义思想的代言人，塔希尔·希达德崇尚西方社会的主流价值观，对埃及社会女性教学的落后现象做了深刻的揭露和批判。他认为，阻挠埃及女性学习科学文化知识的最大障碍是埃及社会男性的专制和独裁。埃及男性因担心女性接受教育后会变得独立和理性，不再盲目顺从他们，因此他们试图把女性的身体和灵魂全部禁锢起来，使女性只能顺从男人的意愿，只能依赖男性情感。希达德坚信，在当时的埃及社会，女性虽然没能平等地接受科学文化知识的教育，但她们仍然有能力与男性抗争"并战胜他们"。因此，如果她们学习了知识，那就更有力量摆脱对男人的顺从和依赖。①

希达德还认为，从埃及社会层面来说，普及女性教学最大的阻碍是埃及人"害怕自由"。他说："我们的旧传统不让女性学习，这是建立在我们对自由的害怕之上的，否则，就不会禁止女性学习，就不会这么关注女性的面纱，女性教学问题也就不会这么伤害我们。"② 希达德还警告说，禁止女性接受知识教育将导致一个十分严重的后果，那就是越来越多受过教育的埃及男性与外国女性结婚，因为他们瞧不起无知无识的本国女性。希达德认为，一个"一半人"无知且无工作的民族不可能成功，只有通过女性教育，重视其在民族和社会文明中的地位与作用，才能使埃及最终走出落后的困境。③

因此，希达德主张埃及女性接受全面的教育，不仅要接受中、小学教育，还要接受高等教育。作为自由主义的代言人，他在女性教学问题上的观点虽然也徘徊于宗教溯源和接受世俗教育之间，但与宗教改良派相比，自由主义派在涉及宗教问题上的思路更加开阔、更加灵活。

作为世俗派思想家，伊斯玛仪·马兹哈尔（Ismail Mazhar）给予知识

---

① 塔希尔·希达德：《社会与伊斯兰教法中的女性》，埃及最高文化委员会1999年版，第155页。
② 同上书，第158页。
③ 同上书，第159页。

很高地位，对于人类学习知识高度重视。他认为，世界因知识而打破封闭，走向大同，不同肤色的不同民族将逐渐朝着"大一统"和"全球化"迈进，这里的"大一统"不是实现各民族政治上的统一，而是人类在思想流派上趋于一致，这是人类共同探索知识的结果。① 正是从这样的思想出发，马兹哈尔精确地预言了20世纪末出现的全球化现象。

马兹哈尔从重视知识层面出发，批判对女性教学设置障碍的做法，他认为，东方世界、特别是埃及社会女性教学最主要的障碍表现为，"工作在外面，而女性却被限制在家里"。② 马兹哈尔赞赏埃及基督徒在女性教学方面持有的开放心态，开始把他们的女孩送进外国人在埃及创办的学校接受教育。他说："我们埃及非穆斯林同胞们是第一批在外国学校教育自己女孩的人，埃及社会因此开放出了一批芬芳的花朵，而那些穆斯林大家族，他们也已经开始在外国学校教育他们的女孩了。"③

马兹哈尔强调教学对女性的积极意义，特别是已婚女性，因为学习知识能帮助她们面对生活，找到一份体面的工作。他说："教育是真主对未婚女性的伟大恩赐，女性无论富有还是贫穷，教育为她们配备了直面生活战场的利器，使她们的能力变得更强，视野更宽阔，使她们与那些曾经关注的事情联系在一起。"④

三、女性经验派对女性教学的观点

所有埃及女性主义经验派人士毫无例外都对女性教学给予了极大重视，普遍认为女性不学习科学文化知识是一个民族落后的标志，女性学习知识是她们的宗教义务，不仅不会与男性形成竞争关系，反而会使后者在

---

① 伊斯玛仪·马兹哈尔：《民主时代的女性》，埃及复兴书局1997年版，第57页。
② 同上书，第141页。
③ 同上书，第142页。
④ 同上书，第57页。

育儿、持家、夫妻关系等方方面面受益。但是,经验派人士同样不赞同完全照搬西式的教学模式而放弃宗教知识的学习。

埃及女性经验派代表人物马利克·哈夫尼·纳斯夫说:"无论何种情况,知识都是思想的光明,如果知识不是如此的有味,那么统治者们就不会如此忙于获得知识。"① 为此,马利克曾经访遍亲朋好友,劝说他们把女孩子送到学校学习,交给她照料。纳斯夫还批判上层社会不愿把女孩送进学校学习的现象。她说:"农民可以不送自己的女儿去上学,因为连他自己都不知道什么是知识;小工匠可以不送自己的女儿去上学,因为他的所得只够生活开销,负担不起学费;但开明富裕的家庭不应放任他们的女儿自然生长。"②

由于当时埃及百姓普遍经济拮据,纳斯夫还呼吁扩大免费教育的范围,以便尽量让已经建成的女子学校实行小学义务教育。她呼吁教育部、宗教事务部和富人共同为女子学校拨善款,让更多穷苦人家的女孩能够踏进校门,学习科学文化知识。③ 另一方面,纳斯夫否认女性学习文化知识会与男性形成竞争关系,强调女性教学才刚刚起步,仍停留在知识大楼的"第一层"。她说:"我们东方传统还不认同女性持续学习很多知识,只要法律、工程、医学学习和大学教室中还没有女性的座位,男性们就还能享受他们的职位,能够享受由此带来的舒适。"④ 很显然,纳斯夫试图用女性仍然停留在知识水平的初级阶段的说法,来缓和与男性在这一问题上的针锋相对,但她追求让女性获得知识以提升自我。⑤

胡黛·沙阿拉维(Huda Sha'arawi)认为,人类最好的改变便是知识和修养方面的改变,这种改变有助于每个人更好地完成自己的任务,从而推

---

① 马利克·哈夫尼·纳斯夫:《女性》,胡达书局1996年版,第79页。
② 同上书,第79页。
③ 马利克·哈夫尼·纳斯夫:《旷野行踪》,胡达书局1996年版,第125页。
④ 同上书,第110页。
⑤ 同上书,第122页。

动国家复兴。① 为此，胡黛亲手创建的埃及妇联一直致力于满足女性同胞在教育方面的诉求，并为此做出了很多贡献，其中包括：

1. 呼吁两性教育平等，为女性打开高等教育的大门，在埃及妇联的努力下，埃及女性首次被允许参加高考；
2. 在埃及妇联的积极呼吁下，埃及增设了女子中学，不仅实现了每个省会城市都建有女子学校，而且逐渐发展到了其他一些中小城市；
3. 大力培养女性专业人才，以便在女性教育的各个相关部门逐渐用女性替代男性，这不仅有利于女性就业，而且可以更好地为女性提供服务。

娜巴维亚·穆萨不仅是埃及女性主义运动经验派的杰出代表，更是埃及现代女性教育的先驱。当时，埃及社会普遍认为，女性的知识和道德是不相容的，女性接受学校教学便是不文明、不谦逊的表现，受教育的女性被视为不检点或有伤风化的女人。对于这种错误的传统观念，穆萨不仅义正辞严地予以批判，而且身体力行，致力于改变这种错误的观念。

在当时埃及相对保守的法尤姆省，民众普遍认为受教育的女性没有道德，女性教学违反了东方的习俗和伊斯兰教道德，因此家长们拒绝将女孩子送进学校接受教育。为了改变这一根深蒂固的旧观念，穆萨勇敢地把自己树为女性受教育的榜样，并以此说服家长们把女孩送进学校学习。她说："法尤姆人拒绝女孩接受教育，当看到我比那些无知的女性更加遵守东方习俗时，他们以为我也是个文盲。因此，我不得不在我的办公室里挂满我的证书，用以证明我所受到的高级教育，并故意和每个来访者搭话，让他们都知道我的文化程度。我就这样锲而不舍，费尽口舌，试图说服每

---

① 胡黛·沙阿拉维：《备忘录》，新月出版社2001年版，第330—331页。

一个我所遇到的女孩家长。"①

穆萨认为,女性教学有助于彰显她们的体面和尊严。她说:"你们应该教女孩学习知识,让她们向往知识,远离着装打扮,彰显体面和尊严,避免成为人们眼中的花瓶。""只要她们不失高贵典雅和宗教虔诚,那么她们穿什么一点也不重要。"② 穆萨拒绝女性愚昧无知,因为无知导致魔法和巫术在女性中蔓延,而魔法和巫术的蔓延又进一步加剧了女性的愚昧,这使她们与真正的生活舞台绝缘,生活在迷信和幻想之中。③

尽管穆萨一直强调女性学习文化知识的重要性,但她的教育观却明显带有阶级性。她说:"农民是文盲这没有害处,因为文盲农民和知识农民的作用是一样的,只要一个民族的精英人士能指导农民什么是有益的,那么这个民族就不会衰落,农民也不会成为社会的负担。""仆人的儿子仍是仆人,这也不会有损于我们的民族。但我们应该教育那些农村的富家子弟,好让他们与自己的财富相匹配,这些人代表着民族的未来。"④ 可以看出,穆萨既不主张全民教育,也不倡导普及义务教育,认为那样做是无用功,不如让富人接受高等教育,走精英教育的路线。她甚至认为,一个民族是否先进,不应用文盲率来衡量,而是应该"以精英的多少和领袖意见的正确性来衡量"。⑤

在女性教学方面,穆萨同样认为,只有贵族小姐、而不是"小女仆"学习文化知识才可以提高一个家庭地位,让她们的家庭走向成功,进而带动整个民族地位的提升。⑥ 因此,她在亚历山大开设的女子学校就叫"贵族女子学校",这个名字恰如其分地反映了她带有阶级局限性的教育观。

---

① 娜巴维亚·穆萨:《自传》,亚历山大书局2001年版,第127页。
② 同上书,第123—124页。
③ 娜巴维亚·穆萨:《女性与工作》,亚历山大书局2001年版,第20页。
④ 同上书,第51—57页。
⑤ 同上书,第53页。
⑥ 同上书,第93页。

基于上述阶级立场，穆萨还认为当年的埃及政府放弃高等教育、只重视初级教育的做法是"无用的"。她说："我们有些夸张，人们甚至开始呼吁教育小贩、仆人和擦鞋匠的孩子，而与此同时，那些教改倡导者们自己的孩子却没有得到应有的教育。"因此，"教改倡导者们最应该抛弃普及义务教学的念头，首先把他们自己和他们的子女们教育好"。①

作为一名倡导妇女解放、呼吁男女平等的埃及女性主义经验派代表人物，穆萨却拒绝穷人和富人在最基本人权方面的平等，比如对孤儿的社会抚养和穷人的教育等，如此复古、狭隘的阶级立场着实令人称奇。她甚至公然宣称："农民一直愚昧无知，仆人的孩子一直是仆人，这对社会是无害的。"②但她并不否认普及教育是有益的，只是主张通过民办学校教育穷人的孩子。"建立一些低级学校，胜过让那些小女孩们在大街上晃荡"，"低级学校也涌现了不少博学之才。"③由此可见，身处那样的保守社会，穆萨的教育观不仅是复古的、有局限的，也是自相矛盾的。

作为埃及社会女性教学的积极倡导者和身体力行者，穆萨竭力呼吁女性教学必须全面进行，不能停留在认字读写的初级阶段。她认为"（仅仅）学会读书写字的女性还算不上知识分子，只有那些能通过读书写字获得知识的人才能算。很可惜，我们埃及人根本无视这一事实"。④她强调，不应该只教授女孩知识的皮毛，而应该让她们学习地理、体育和其他基本知识，因为这些知识不仅对她们未来持家有帮助，而且有助于开发她们的智商，帮助她们正确思维，丰富她们的想象力，"让她们从外表至内涵都与丈夫相匹配"。⑤

对于女性教学的目的，穆萨认为，女性学习文化知识不仅有助于她们

---

① 娜巴维亚·穆萨：《女性与工作》，亚历山大书局2001年版，第52—53页。
② 穆罕默德·阿布·伊萨德：《娜巴维亚·穆萨在政治生活中的作用》，埃及图书总署1994年版，第131—132页。
③ 同上书，第92—93页。
④ 娜巴维亚·穆萨：《女性与工作》，亚历山大书局2001年版，第89页。
⑤ 同上书，第46页。

扮演好未来"贤内助"的角色,而且对于女性参加社会工作也至关重要。这一点在当时相对封闭落后的埃及社会,把女性教学与工作联系起来是需要勇气的。她说,女性教学不应该局限于教育女性如何持家,还应该教授一些对女性来说相对比较容易的技能,如医学和缝纫等,"也许她们将来需要靠这些技能谋生"。为了避免触动男权主义者反对女性工作的敏感神经,穆萨刻意指出,女性学习这些工作技能是为了"有备无患",知识只有在女性富有且不依赖它谋生时"才是美丽的"。①

穆萨鼓励埃及女性在结婚前继续接受高等教育。她认为,那些待在家中闲极无聊、过分打扮、无知无识的女性,她们一门心思想着结婚生子,不仅自己"没出息",而且"败坏了社会道德"。② 另外,穆萨坚决反对那些西方人在埃及开设的女子学校,理由是这些学校"不重视教授阿拉伯语和民族礼仪"。她说,"没有一个先进的民族能够接受他们的女孩学外语而不精通自己民族的语言,这样的教育使得女孩们没有爱国感情",同时外语学习还促使她们照搬欧洲的风俗习惯,"不论好坏"。③

长年旅居埃及的黎巴嫩女性主义活动家、作家梅·齐亚德十分重视女性教学问题,尽管她在男性面前仍用面纱遮掩自己,但在女性教学问题上,她敢想敢说,直言不讳。她说:"如果一个民族只有一所学校,那么,我认为这所学校应该开给女性而不是男性,因为女性了解的知识男性一般从小就可以从她们那里学习,而最重要的是孕育孩子的头脑和抚育孩子的心灵,这肯定是孩子的母亲及其周围女眷们的功劳。"④

齐亚德认为,女性教学推动女性进步。她敦促女性学习那些推动欧洲进步的科学知识,如化学、自然、机械等等,"用他们的科学指引我们走向科学的殿堂"。另外,齐亚德还要求女性学习自己国家的历史。她说:

---

① 娜巴维亚·穆萨:《女性与工作》,亚历山大书局2001年版,第20页。
② 同上书,第66页。
③ 同上书,第57页。
④ 梅·齐亚德:《未知工作》,阿联酋文化局1996年版,第316页。

"女性教学一方面应重视学习西方科学知识,另一方面应学习我们的历史,并使两者融会贯通,相得益彰,一个人如果自己不重视个人的事务,那么,岂能奢望别人来重视它?"①

---

① 梅·齐亚德:《旷野女学者》,东升书局1999年版,第56页。

第五章 男女平等与女性工作权之争

自2006年以来，世界经济论坛每年发表年度《全球性别差距报告》，该报告对世界各国在健康、教育、政治参与和经济平等四个领域的性别差距进行综合评估。埃及这个在阿拉伯世界率先发起女性主义运动的国家，其在性别差距报告中的表现可以说是极其"差强人意"。近10年来，其综合指标一直徘徊在全球130多个国家中的倒数前十名，尤其是在经济平等领域，埃及的性别差距多次在上榜国家中排名垫底。在男女平等方面如此差劲的表现，从一个侧面反映了埃及女性主义运动是一场不彻底的运动，一旦历史条件许可，随时都存在再度大规模爆发的可能性。

女性主义运动又称女权运动，简而言之是一场为女性争取权益的运动，其核心诉求是结束性别主义、性别剥削和压迫，促进性阶层平等，其中男女性别不平等问题，历来是全世界女性主义运动关注的核心议题之一。当然，埃及女性主义运动也不例外，妇女权利问题在不同的现代埃及女性主义思想流派之间引起了广泛的争论。例如，关于妇女在权利和义务上是否应与男子平等的问题，改良派强调男女生物学上的差别，认为这种差别使得两者之间不可能实现平等。但是，世俗自由派却坚决反对这种观点，认为生物学上的差别并不妨碍实现男女平等，妇女应享有与男子平等的权利，伊斯兰律法也保障了妇女所有的权利。关于女性继承财物仅为男子的一半的问题，是埃及乃至整个伊斯兰世界在男女平等平权方面最遭到西方舆论诟病的弱点之一，但是这在伊斯兰世界内部、特别是埃及女性主义思想理论界却达成了空前的一致。他们普遍认为，根据伊斯兰相关教义，养家糊口是男人的责任，而女性没有这方面的义务，所以这种分配是合理的。至于女性工作问题，各个流派间的分歧比较严重，有人支持女性走出家门参加工作，也有人认为女性的工作应当局限在家里。在本章有关女性权利问题的理论梳理中，我们将重点探讨埃及女性主义颇具特色的女性所有权、作证权和工作权等问题。

第一节 对于男女平等的争论

必须承认，男女平等问题在埃及社会是一个十分棘手的问题。100多年前，这个问题在埃及女性主义思想界引起了非常激烈的争论。即使是100多年后的今天，这种争论在埃及社会仍不绝于耳。由于男女平等问题牵涉了不少其他话题，例如男女天性上的差别、男人供养女眷的问题、女子继承权、女子作证权等，因此要了解现代埃及思想界关于男女平等问题的观点和争论，往往需要涉及上述话题。

一、宗教改良派对男女平等的观点

作为埃及女性主义宗教改良派的著名思想家，里法阿·塔哈塔维尽管具有一些自由主义的思想倾向，承认男女在生物禀性上是一样的，但他在女性问题上还是未能彻底摆脱萨拉菲主义观点，这种观点的可怕之处在于，它认为女性是供男性享用的。塔哈塔维说："真主为男人创造了女人，以便他们满足各自的欲望，相互分担劳动。真主让女人抚慰丈夫的痛苦，增添他的欢乐，改善他的生活，振奋他的精神。所以，她是真主最美的创造物、男人的天生伴侣、孩子们的看护者、男人的愉悦者。如果说女人是作为男人的庇护所而创造的，那么，除了这一点，她和他是一样的，肢体是一样的，需求是一样的，感官是一样的，特征是一样的，行为方式几乎都是一样的，因为男女的天性是一样的。如果一位智者仔细观察男女的外形，就会发现两者只是在性别特征上有一些差别。男性特征和女性特征是两者的不同之处。"① 塔哈塔维强调，女人除了性别特征外，在外形上与男子非常相近，但他还是指出了两者之间的生物学差别，他说："女人有一些其他的特征使她区别于男人。她的身材一般比男人的矮，她的腰身比男人的瘦，她的头部相对于身体来说比男人的小，与男人相比她是柔软温和的。总的来说，她的外形显得比男人娇小。"② 据此，塔哈塔维认为，由于女性的肌肉没有力量，女性无法像男性一样参加"耕地、战争等繁重的劳动和任务"。③

在说明了男女生物学上的差别之后，塔哈塔维表示反对女性从事政治活动，或进入那些所谓的"只属于男性的领域"，认为妇女不应表现出英雄主义，不能成为统治者和领导人，而应该待在家里操持家务，养育孩子。④ 塔哈塔维还用"保护人"概念来佐证他的观点，认为"至高无上的真主创造女人不是为了让她们与男人争斗，也不是为了让她们发表意见或从事政治，因为男人是她们的保护者，而不是相反。不然的话，真主就会给予她们勇敢、义气、豪爽。但事情并不是那样的，真主创造了她，并使她不同于男人"。⑤ 此外，塔哈塔维特别强调，统治权属于男人而不属于女人，得到神启的都是男性而非女性，这些都是男人作为女性"保护者"的标志。⑥

---

① 里法阿·塔哈塔维：《少男少女指南》，东升书局2001年版，第356页。
② 同上书，第356页。
③ 同上书，第357页。
④ 同上书，第375页。
⑤ 同上书，第377页。
⑥ 同上书，第446页。

总之，塔哈塔维认为女性是软弱的，没有能力从事一些领域的工作。另外，还有一个原因让女性无法从事许多工作，那就是女性整个身体都是应该遮盖的羞体，女性必须层层包裹在面纱之内。他认为，"女性不能担任法官、教长和公共职务，也许是因为她们的身体，她们不能与男人接触"。[①] 但是，由于受萨拉菲主义观点的影响，塔哈塔维承认女子可以出门做礼拜和探望父母。

19世纪，阿尔及利亚著名宗教学者穆罕默德·本·胡加·杰扎伊里也试图利用"保护人"概念来提高男人的地位，他的观点与塔哈塔维一唱一和，互相呼应。他说："男人是女人的保护者，他们挣钱养家，教育家人，保护女人，供给她们所需的开支，这就是为什么真主使男人具有判断力和预见力，使他们成为勇敢的和果断的，使他们的证词比女人的更有分量，使他们分得的遗产多于女人，等等。"[②]

很明显，塔哈塔维和杰扎伊里都强调"保护人"概念，用这一观念和男女生物学上的差异来解释为什么男人控制着生活的方方面面。毫无疑问，保守的萨拉菲主义思想总是试图给予男人控制一切的权力，而无视这样的事实：妇女可以承担人类社会中的许多工作，妇女是稳定生活的基础，是人类社会的文明与进步的依靠。宗教演说总是宣扬父权，这其实是前伊斯兰时代父权思想的延续，只不过后伊斯兰时代的父权有了宗教外衣和意识形态借口。

实际上，宗教权威一般利用《古兰经》和圣训来说明伊斯兰教在女性权利问题上的立场，并同时批评西方女性的处境。现代伊斯兰主义著名思想家拉穆罕默德·拉希德·里达认为，"西欧的妇女是依靠知识、意志和团结的力量才获取了自己的权利，欧洲的人民也是利用不可战胜的力量才取得政治权利的，但伊斯兰教却规定了人应享有的所有权利，并给予妇女

---

① 里法阿·塔哈塔维：《少男少女指南》，东升书局2001年版，第448页。
② 穆罕默德·本·胡加·杰扎伊里：《关注女性权力》，东升书局1999年版，第49—50页。

特别的同情和重视。先知说:'高尚的人尊重妇女,低贱的人鄙视妇女。'先知说这话时,各地的人们还没有把妇女的地位提高到牲口之上"。① 他认为,伊斯兰教废除了中世纪前阿拉伯人和波斯人剥夺女性财产权、限制她们行为自由、丈夫霸占妻子的钱财等陋习,确定女性可以拥有自己的财产和各种行为自由,规定女性可以和男性一样继承财产;要求男性送给女性结婚彩礼,供养妻子和孩子,即使她很富有;给予女性买卖、赠予、施舍等权利,而法国女性直到女性主义运动兴起前,仍在财产处置和法律合同等方面受制于丈夫的意愿。② 因此,里达认为,埃及社会对妇女的不公正现象原因在于穆斯林,而不是伊斯兰教法。他说:"如果想知道多数穆斯林的所作所为和他们相信的教法之间的差距有多远,那就看看他们是怎么对待妇女的,你会发现他们尽一切可能地欺负她们。"③ 还有一些改良派人士试图通过夸大男女的生物学差异,以证明男性的优越性。他们认为,女性身体力量弱小,加上男性对女性的贪婪、女性对男性的依赖以及男女结婚带来的持久影响等,这些都使女性不能独立生活。因此,她们必须避免招惹男性,而应委身于某一个男人,并对他忠贞不二。

宗教保守派人士阿巴斯·阿卡德就是一位夸大男女性别差异的代表人物。他认为,"男女能力和倾向上的差异与两者身体上的不同有关。女人每月都流血,一旦怀孕则须怀胎9个月,产后还要哺乳两年,之后可能再次怀孕,这些职能很自然地要占用身体的部分能量,这样女子就无法在工作上和男子平等,男子不像女子那样受累于那些职能。所以,在男女分工时应重视这一事实"。④

阿卡德认为,男女生理构造的不同使男人成为主动者,女人成为被动者,男女之间的关系成为"要求的一方和接受的一方之间的关系,主动意

---

① 穆罕默德·拉希德·里达:《婚姻生活》,麦纳尔书局1999年版,第114—115页。
② 同上书,第21页。
③ 同上书,第34页。
④ 阿巴斯·阿卡德:《古兰经中的女性》,埃及复兴书局1993,第11页。

愿和响应意愿之间的关系，这样的关系存在于所有拥有意愿、在一段时间内有性关系的动物当中"。① 在此，我们注意到，宗教权威们先是强调男女"平等"，然后又回过头来说他们是天生不平等的，而"不平等的主张基于男女性别差异的生物学事实"，认为"不考虑男女特征和天职上的明显不同，而使男女在各方面都平等，这是不公正的，也是没有意义的"。②

但是，也有一些宗教权威反对两性建立在生理学差异基础上的不平等，认为这种不平等是女性社会地位低下造成的，是女性的地位使其继承了一种身体上的弱小和一种思维上的定式，而女性和男性都以为这是生理差异，而它不过是社会形势导致的后果。③

毫无疑问，不少人认为中世纪的阿拉伯世界穆斯林妇女的权利超过所有其他过去的甚至现代文明中的妇女，民事权利包括财产权、安排权、行为自由、建立公共事务关系权等，伊斯兰律法一直在理论层面上传播妇女的权利，但是中世纪落后的社会形态妨碍了律法的实施。此外，女子的无知、她成长于其中并最终接受了的那种氛围，也阻碍其实现任何有利于自己的变化。所以，有的宗教改良派人士也认为，"女子有权实现与男子的平等，这并不违背事物的本质。她可以参与公共事务，提供服务、发表思想或是提出忠告，她可以担任社会职务。人们所说的女子能力上的不足不过是长期受欺压造成的后果，如果给予她充分的发展自由，她将会有能力从事任何重要的工作"。④

另外，宗教权威们还着重强调了男性充当女性保护人的概念，认为男性优于女人，因为他保护她、供养她。"男子的保护人角色来源于真主的话：'男子是保护女子的，因为主使他们比她们更优越，也因为他们所花费的钱财'，[妇女章（34）]。夫妻生活是一种社会生活，而每个社会都必

---

① 阿巴斯·阿卡德：《古兰经中的女性》，埃及复兴书局 1993，第 11—12 页。
② 同上书，第 63 页。
③ 阿拉勒·法西：《自我批评》，第 260 页。
④ 同上书，第 278 页。

须有一位领导者,因为社会里的人必定会在一些问题上意见不一,愿望不同,如果没有一位领导者解决这些分歧,社会的利益就无法保障,社会内部就会相互对立,社会团结遭到破坏,社会秩序陷入混乱。男子更适合领导者角色,因为他更清楚利益所在,更能为力量和财力采取行动,所以律法要求男子保护和供养女子,而女子被要求顺从男子。"①

至于作证问题,伊斯兰教给予女性作证的权利,但规定两个女性的证词只抵得上一个男性的证词。对此,宗教保守派人士阿卜杜勒·卡迪尔·马格里比辩护说:"女性作证效力是男性的一半,这并不是因为先知穆罕默德认为女性道德低下,或者女性作证时会说谎,而是因为他认为女性远离男人们的战场,那里情况复杂,加之女性自信心不足、自制力弱、容易受骗等,先知了解女性的这种心理,认为女性作证时应有一个她的同伴帮助她,以便两人相互提醒,共同证实她俩所看见的事情。"② 阿卡德还认为,女性和男性不一样,她们容易感情用事;而在某些作证的场合,比如关于女性的特殊事情,先知穆罕默德又使女性优于男性,单个男性的证词不被接受,而女性则可以单独作证。因此,"这就足以证明先知是信任女子的,并相信女子的直觉是正确的"。③

二、世俗自由派对男女平等的观点

卡西姆·阿明重视首先从宗教律法层面讨论男女平等的问题。他认为,"伊斯兰教法先于任何其他教法,第一个确立了男女平等的原则,给予女性自由和独立,保障她的各种权利,承认女性具有与男子一样的民事法律能力,可以不经父亲或丈夫的同意,根据自己的意愿进行买卖、赠予

---

① 穆罕默德·拉希德·里达:《婚姻生活》,麦纳尔书局1999年版,第35页。
② 阿卜杜勒·卡迪尔·马格里比:《穆罕默德和女性》,第28页。
③ 阿巴斯·阿卡德:《古兰经中的女性》,埃及复兴书局1993年版,第28页。

等行为，而一些西方国家的女性直到现在还未取得这些权利。所有这些都证明，伊斯兰教法尊重女性，给予她与男子平等的地位。不仅如此，我们的教法非常善待女性，使她不用承担生活的重负，不必负责家庭的花销。可以说，伊斯兰教法中没有任何规定会导致穆斯林女性地位低下，相反，伊斯兰教法使女性享有应有的社会地位"。①

虽然阿明称赞伊斯兰教法给予女性与男子平等的权利，但在教育问题上，他仅仅要求实现男女在初级教育阶段的平等。此外，他也没有倡导男女在政治权利上的平等。这也许是由于当时历史条件的限制和保守势力的压力。他当时认为，在参与公共事务之前，女性首先需要接受教育。他说："我们先不要讨论政治权利，我没有要求男女任何在这种权利上的完全平等。这不是因为我认同禁止女性参与公共事务是维护社会秩序的必要原则，而是我觉得我们现在仍十分需要善于从事公共事务的男性，埃及女性还没有做好这方面的准备，她们需要经过多年的知识教育和经验，才能够在公共生活领域和男子展开竞争。"②

针对那种认为女性天生不如男性的观点，阿明回击说："在女性拥有与男性同样的自由、接受与男性同等时间的教育之前，做出这样的判断是不正确的。但是，持这种观点的人认为，女性生来就与男性不同，两性之间有解剖学和生理学上的差别，使两者互相区分。"③ 阿明同样引用科学家的看法对此进行回击。解剖学家认为，"在解剖学里，女性不比男性低一等，也不比男性高一等。这并不意味着女性拥有的每一种力量都与男性相等，但是我们可以说，女性拥有的力量总和与男子的相等。即使两者有很大的不同，但这种不同本身并不必然意味着其中一方与另一方相比存在缺陷"。④

---

① 卡西姆·阿明：《解放女性》，埃及图书总署1993年版，第26页。
② 同上书，第56页。
③ 卡西姆·阿明：《新女性》，埃及最高文化委员会1999年版，第36页。
④ 同上书，第39页。

第五章 男女平等与女性工作权之争

阿明驳斥那种认为女性心智残缺的观点。他说：无论是现世还是来世，女性所承担的责任都不比男性的少。如果女性犯了罪，法律并不会使她免于惩罚，也不会减轻对她的惩罚。不仅如此，由于舆论的压力，女性往往要承担比男性更大的责任。阿明认为，理性的人不会接受下面这样的逻辑：如果女性杀了人，就会被当成心智完整的人而接受绞刑；但在日常生活中，女性却被认为是心智不全的人而被剥夺自由。[1] 因此，阿明不遗余力地为女性辩护，反对过分强调男女之间的生物学差异，驳斥那种认为女性在心智和信仰上不健全的观点。但是，这并不意味着他不承认伊斯兰教法的"保护人"概念。事实上，他承认这一概念，认为"西方律法已朝着这个方面发展，赋予男子类似的对于妻子的权力，并称之为夫权。尽管这样，西方女性仍然能够享有她们的自由，这是人所共知的"。[2]

事实上，关于男女禀赋差异的问题，阿明的看法与英国哲学家约翰·穆勒（1806—1873年）在《妇女的屈从》一书中所表达的观点是一致的。穆勒在书中阐述道："一些人认为有解剖学上的证据表明男性的智力优于女性，因为他们的脑部更发达，这是值得怀疑的。有关女性智力不如男性发达的说法根本没有得到证实。"[3] 他认为，医学和生理学领域的某些人士也许在一定程度上过分强调了男女身体结构上的不同，但是男女之间的智力差异并没有得到证明。

包括阿明在内的世俗自由派人士普遍反对男女禀赋不同的歪理，认为所谓的"女性禀赋"只是一种人为的东西，是妇女形象扭曲的结果，所谓的"男女智力差距"只不过是教育程度不同的自然反映。假如女性像男性一样，禀赋能够得到自由发掘，那么两者的能力就不会有明显的差距，或者根本就没有差距。而女性之所以在科学和文学创造方面明显落后于男

---

[1] 卡西姆·阿明：《新女性》，埃及最高文化委员会1999年版，第40页。
[2] 同上书，第40页。
[3] 约翰·穆勒：《妇女的屈从/论自由》，转引自《现代阿拉伯思潮中的女性》，埃及书局2011年版，第212页。

子，其原因在于女性没有获得与男性同样的环境和条件，而且永远都在为家庭而忙碌。

而阿明的反对者们则着重强调两性的生物学差异决定了男女不可能实现平等。塔拉特·哈尔卜称："有可以感觉得到的证据，证明女性身体比男性弱，认知力比男性差。身体弱，这是因为女性作为雌性所承受的事情削弱了她，这一点医生可以证明。至于认识力差，是因为女性的职责在于操持家务、养育后代，不像男性那样经历丰富、见多识广。因此，女性无法与男性平等，男性占有绝对的控制权，这是自然法则。"[1]

在说明了男女之间的生物学差异后，哈尔卜进一步指出，所有天启宗教的教法一致确认，女性与男性相比，身体弱小，认知力差，男性是女性的保护者，对女性有管辖权，但女性应得到男性的善待、爱怜和尊重。哈尔卜还对保护人概念做了进一步阐述，称"伊斯兰教法和大多数国家的法律都规定，君王、法官和教长的职位必须由男子担当，这难道不是因为女性被认为在感知和精神上有缺陷吗？"[2] 为了证明自己的观点，哈尔卜引用了《古兰经》中的许多章节，以及先知要求善待女性的劝诫。他说，如果男女在身体上和智力上是平等的，那么为什么会有千千万万的女性屈从于男性的威权呢？在此，我们不禁要问：两性之间的关系难道要一直像石器时代一样建立在力量原则之上，还是应随着人类的发展进步而与时俱进呢？

另外，阿明认为，如果给予女性充分的自由，那么她的认知能力就会像男性一样得到发展。但是哈尔卜却根本不这么认为。他说，人类的幸福生活所依赖的那些重大科学发明和创造都来自于男性，女性只是在近期才做了一些"小的、没有什么重要性的事情"。[3]

---

[1] 塔拉特·哈尔卜：《女性教育与面纱》，图尔基出版社2001年版，第18页。
[2] 同上书，第30页。
[3] 同上书，第22页。

哈尔卜对于女性的偏见得到了当时社会上保守势力的附和。作为伊斯兰复兴运动的著名思想家,穆罕默德·法里德·瓦吉迪也认为,"女性是一种可敬的存在,真主专门为繁殖人类而创造了她。她的职责是崇高的,在这一点上男性无论如何不能和女性相比。为了很好地履行这一职责,真主使女性身体具有所必需的一切。我们可以看到,她身体的一切都表明了造物主使她专司这一职责。男性和女性的身体是如此不一样,说明真主创造男女,原本就不是为了让他俩在同一领域竞争"。[1] 瓦吉迪进一步阐明两性的生物学差异,认为"男性在身体上比女性强壮,男女大脑的差异有力地证明了男性的大脑比女性的更发达,男性的认知能力比女性更优越"。[2] 类似言论充分说明,保守派人士是如何利用生物学差异来提高男性地位和贬低女性的。瓦吉迪还认为,女性的认识能力不及男性并不是女性被剥夺教育机会的结果。他说:"女性身体没有男子强壮,接受科学的能力不如男性发达。身体和能力上的这种双重虚弱并不是为了让女性无法和男性竞争,而是因为女性专司的职责只需要这么多。这是自然的、天生的。女性即使付出再多的努力,也很难在身体和能力上达到男性的水平。"[3] 瓦吉迪甚至认为,让女性与男性平等是不公正的,因为这对于女性来说是一种无法承受的负担。男女之间是一种"互补关系,而不是平等",寻求让两者相互独立是"难以让人理解的"。[4]

而谢赫穆罕默德·艾哈迈德·布拉甘则用贬低女性的手段来反对男女平等。他认为女性"素质差,道德水平低下",因为女性生来就是软弱的,对此,"理性的人、睿智的人、医生和立法者都有着一致的看法,所有的天启教法都认同这一点。女性是男性的欲望对象,女性大多数的想法是如何满足自己的欲望。作为弱者,女性在和男性打交道时习惯用手段、耍诡

---

[1] 穆罕默德·法里德·瓦吉迪:《穆斯林女性》,图尔基出版社2001年版,第14页。
[2] 同上书,第36—37页。
[3] 同上书,第198页。
[4] 同上书,第15—16页。

计以达到目的。所以,真主使男性比女性更优越,让女性主导许多事务,而不是让她们参与到男性当中,以免世上发生腐败和毁灭"。[①] 因此,在布拉甘的眼中,两性不能实现平等的关键原因,在于女性的道德水准比男性低下,把她们和伪善的人等同起来。布拉甘如此偏激狭隘地看待女性,反对男女平等,这在宗教保守派人士里也是不多见的。不少宗教人士认为,真主把男人和女人造成同质的,并由他们俩繁衍了更多男性和女性,而布拉甘的观点代表不了伊斯兰教,是一种极为落后的思想,是伊斯兰教宗教人士的反面形象。

与阿明的其他批评者一样,阿卜杜勒·马吉德·海里也收集所有那些证明男女生物学差异的信息。他说:"女性是与男性一样的人,但她在身体力量、器官功能、感官和思维等方面和他不同,男性身体的各部位比女性强壮,各部位的功能也更发达,包括感官和思维。这一点可以从他们各自的行为上看出来。男性在力量和智力上超越女性,并不是因为男性一代接一代地一直从事劳动和思考,而女性被排除在外,则是因为生来如此,都是从男性的强壮和女性的柔弱之中产生的。"[②] 因此,海里认为,女性天生素质柔弱而男性强壮,并不是因为男性使用力量而女性不用,而是因为真主就是这么创造两性的。他说:"假如男女从创造之初在各个方面都是平等的,那么男性靠什么治服了女性,不让她们从事劳动和思维?难道不是因为男性从一开始就比女性强壮和有智慧吗?"[③] 所以,由于力量和认知力方面的欠缺以及受累于月经、怀孕、产子、养育后代等事情,不论女性如何学习和接受教育,她们都无法在工作上和男性相提并论。男性对于女性的优势,男女之间的不平等,由男性来接受神启、担任哈里发、宣礼人

---

① 穆罕默德·艾哈迈德·布拉甘:《女伴》,东升出版社1997年版,第4页。
② 阿卜杜勒·马吉德·海里:《稳固的动力·马吉德对卡西姆·阿明阁下的回应》,图尔基出版社1999年版,第16—18页。
③ 同上书,第20页。

和演讲人，使男性继承的遗产加倍，"这其中体现了真主的智慧"。① 所以，海里认为，阿明等世俗自由主义者有关男女平等的主张有些夸张，因为"至高至大的主创造出的她是柔弱的、智力有限的、意志力不强的"，正如《古兰经》"妇女章"中所说："男人是维护妇女的，因为真主使他们比她们更优越，又因为他们所费的财产，……（4：34）②。"③

综上所述，阿明为两性平等而进行辩护，拒绝男性优于女性的观点，反对过分强调男女生物学上的差异。而他的批评者则非常注重利用两性生物学差异来证明男性的优越性，强调男性从体力和智力上都强于女性，并据此确立男性在各方领域的优越地位。批评者还通过阐释伊斯兰教保护人概念，给他们的理由披上了宗教外衣，不承认男女平等，认定男性在体力和智力上都优于女性。

事实上，阿明有关男女平等的观点得到了世俗自由派人士的普遍支持。被贴上自由主义标签的塔希尔·希达德一针见血地指出："女性是唯一从未享受过这种平等的生物，她只能顺从地生活在男性的统治中。每当出现可能影响这种统治的苗头，我们都会向它开战以保护自己的利益。但是，我们在内心里欺骗自己，以宗教的名义或以卫道士为由宣战，好像我们不是为了自己的利益，或者我们是行为高尚的人。"④ 希达德分析说："我们怎么能指责女性在智力和信仰方面是软弱和有缺陷的呢？伊斯兰教已给予妇女种种权利，如自由行事权、生存权、选择丈夫权和继承权等，如果伊斯兰教认定女性自身有缺陷，它就不会给予妇女所有这些权利。"⑤

关于女性继承权问题，希达德认为，伊斯兰教在开化穆斯林时采取了

---

① 阿卜杜勒·马吉德·海里：《稳固的动力·马吉德对卡西姆·阿明阁下的回应》，图尔基出版社1999年版，第8页。
② 马坚：《古兰经》中译本，中国社会科学出版社1996年版，第84页。
③ 同上书，第7页。
④ 塔希尔·希达德：《社会与伊斯兰教法中的女性》，埃及最高文化委员会1999年版，第158页。
⑤ 同上书，第24页。

循序渐进的方针，因为伊斯兰教兴起时，当时的蒙昧社会只承认男性的财产权，女性未出嫁时或出嫁后回娘家时只有口粮。蒙昧时期的阿拉伯人认为女孩是为别的家庭准备的，而男孩是自己家的，女孩是别人家的。有蒙昧时期的诗作写道："我们的男孩是我们的人，我们的姑娘属于遥远的男人"，"这种心理是当时歧视女性的根本原因"。[1] 因此，希达德指出，伊斯兰教初创时期规定女性继承财产的份额低于男性是有原因的，因为男性的生产效率明显高于女性，而且男性要保护部落和妇女，这就使他容易遭受危险。所以，如果伊斯兰教给予男性更大的继承权以补偿他的损耗，"这也不能说是不公正的，特别是伊斯兰教规定女人由父亲和丈夫供养和担保"。[2] 值得一提的是，在19世纪的埃及社会，尽管伊斯兰教规定女性的继承权是男性的一半，许多农村和游牧地区的家庭还是完全剥夺了女性的继承权，以蒙昧时期的习俗来对待女性，而不是按照伊斯兰教法行事。

关于女性作证的问题，希达德认为伊斯兰教的相关规定具有进步意义。他说："伊斯兰教在作证的问题上给女性带来了很大的改变，因为之前女性从未获得过这种权利，也不习惯和男人一起站在法庭上作证。伊斯兰教注意到了女性的这种现实，所以规定女性证词的效力是男子的一半。但是，这并不像那些女性主义运动反对者认为的那样，一半作证权是因为女性道德低下。"[3] 很明显，希达德认为，考虑到伊斯兰教初创时期的历史条件和背景，伊斯兰教给予女性一半的继承权和一半的作证效力，已经是历史性的巨大进步，因为直至今天，埃及贝都因人或农村的一些穆斯林家庭仍然不允许女性继承财产，而是按照蒙昧时期的阿拉伯习俗，将所有的遗产都留给儿子。

作为世俗派的代表人物，萨拉玛·穆萨要求实现两性在各个方面、包

---

[1] 塔希尔·希达德：《社会与伊斯兰教法中的女性》，埃及最高文化委员会1999年版，第30—31页。
[2] 同上书，第23页。
[3] 同上书，第23页。

括政治权利的完全平等,因为"既然女性是人,她就有权像男性那样生活,像男性那样享有权利、成长、长大,接受世间灾难的考验并从中得到智慧,同时享受世间的欢乐:文化、产品、结婚、孩子"。① 现在有人反对给予女性选举权和被选举权,这和老一代有人反对女性旅行和上大学是一样的。萨拉玛·穆萨之所以呼吁给予女性选举权和被选举权,与其说是出于正义感,倒不如说是因为她认识到,这样一种新的责任将促使女性关注社会,提高她的觉悟,督促她去研究政治、阅读报纸和书籍,从而增强她的社会性。②

作为埃及自由主义进步思想家,伊斯玛仪·马兹赫尔通过对比的视角来研究妇女问题。他指出,"蒙昧时期的女性没有权利,当时的法律甚至认为女性是'东西'而不是人类,和其他财物一样可以继承,人们不承认女性有头脑和感情或是独立的存在"。③ 伊斯兰教兴起后,伊斯兰教律法改变了一切,提高了女性的地位,支持她,帮助她,把她当成"半个人",使两个女性作证的效力相当于一个男性,一个男性继承遗产的份额是两个女性份额的总和。④ 马兹赫尔认为,伊斯兰时期的女性是半个人,但他认为这与蒙昧时期的女性地位相比仍然是很大的改变,甚至可以说伊斯兰教对于女性的立场是一场革命。因此,"说伊斯兰教没有给予女性全部权利是错误的,事实上伊斯兰教给予了女性所能得到的一切,如果考虑到当时的历史条件和客观环境,甚至可以说伊斯兰教在赋予女性权利时有些极端"。⑤ 伊斯兰律法赋予了女性许多之前不曾享有的权利,规定了她的财产权和生存权,将女性当成有思想、有理性的人对待。另外,马兹赫尔还试图进一步超越伊斯兰教律法的束缚,赋予女性与男性同等的权利。他说,

---

① 萨拉玛·穆萨:《女性不是男性的玩偶》,萨拉玛·穆萨出版社2004年版,第82页。
② 同上书,第48页。
③ 伊斯玛仪·马兹赫尔:《民主时代的女性》,埃及复兴书局1997年版,第116页。
④ 同上书,第135页。
⑤ 同上书,第137页。

"经过了14个世纪,社会发生了变化,人的思想发生了变化,已经没有什么可以阻碍进一步提高女性的地位,使她在所有的民事和政治权利、继承权、作证权、工作权、以及思想独立和经济独立等方面都与男人平等,从而成为一个完整的社会人"。①

马兹赫尔也谈及了男性的保护人角色问题。他认为,"这一概念成为男性对女性实行无限制专制的工具。伊斯兰教的本意根本不是这样的,它希望男性的保护人角色不是绝对的,而是有条件、有限制的,男性必须是有道德的、完整的、虔诚的、知道自己责任和义务的人"。②他指出,如果男性的保护人角色是绝对的、无条件的,那么,这种看法是没有道理的,并且与伊斯兰教赋予女性的权利和地位是矛盾的。所有具有绝对性的东西同时也具有专制性和控制性,如果保护人角色是绝对的,那就意味着女性成为那种没有看法、没有意愿的不完整的生物,而不是家庭和社会生活中的独立主体。马兹赫尔认为,"男性是女性的保护人,它的意思是男女要有利益上的合作,这种合作以思想和自由为界,并兼顾义务和责任,就是说,这种关系是在我们称之为家庭的小世界里建立互助生活的基础"。③

马兹赫尔同样为女性应该享有的政治权利辩护,因为西方女性在获得教育权之后转而要求政治权利。他说:"促使我们为女性的自由、工作权、平等的民事和政治权利等进行辩护的那些因素,并非只与我们自己的社会现状有关,也和这个世界上正在发生的社会和政治事件有关,那些事件将我们紧紧地裹挟起来,引向未来隐藏的目标。"④马兹赫尔认为,各个时代对女性政治权利的否认是思想幼稚的表现,因为"以任何形式禁止女性行使政治权利都是对民主代表原则的违背,对民族中一部分人权利的侵犯"。

---

① 伊斯玛仪·马兹赫尔:《民主时代的女性》,埃及复兴书局1997年版,第115页。
② 同上书,第173—174页。
③ 同上书,第176页。
④ 同上书,第176页。

而且，如果一个社会不给予女性平等的选举权，就会削弱这个社会的代议制度，否认民主的平等宗旨，这也就完全错误地理解了民主的涵义。究其原因，"就在于女性相当于半个男性这一传统思想"。[1] 为此，马兹赫尔抨击阻碍女性享有选举权和代表权的保守派，称"他们就像那些人一样，相信经书的一部分，却不相信另一部分，他们教女孩子知识，让她们知道自由，把她们推向生活的战场，不希望她们成为无敌愚笨之人，等等，然后却对她们说，你们比不上扫大街的、清运垃圾的、无知者、还有傻子，他们都有选举权和代表权"。[2] 即使是未受过教育的女性，马兹赫尔也认为她们应享有投票权，认为如果以没有受过教育为理由反对给予女性投票权，那么，没有受过教育的男性也不该享有这一权利。

综上所述，埃及女性主义自由派人士塔希尔·希达德从律法的角度出发，证明伊斯兰教中女性权利的重要性，强调伊斯兰教在给予女性继承权和作证权方面的贡献。他指出，女性作证效力是男性的一半并不是对女性道德水平的怀疑，而是为了使两个女性相互提醒和补充。在遗产继承问题上，他认为女性直到今天仍受到不公正的对待，一些家庭至今仍按照蒙昧时期的习俗，将所有财产留给男孩。

三、女性经验派对男女平等的观点

在男女平等问题上，埃及女性主义运动的女性经验派代表人物大都不遗余力呼吁为女性同胞们争取更多的权利，而且特别反感改良派人士诬蔑女性在智力和信仰方面存在缺陷的说法。旅居埃及的黎巴嫩作家宰娜卜·法瓦兹指出："伊斯兰教历史上一直流行一种说法，认为女性在智力和信仰上是软弱和有缺陷的。这种说法造成一种社会格局，女性被禁止参与社

---

[1] 伊斯玛仪·马兹赫尔：《民主时代的女性》，埃及复兴书局1997年版，第114页。
[2] 同上书，第133—134页。

会和政治事务，没有地位，没有机会担任法官或高级政府职务。如果说男性中间有睿智的人，那么，女性当中有比他们更加睿智的、更有毅力的人。"她责问道："如果女性生出的男性是完整的，那么，她自己怎么会是有缺陷呢?! 我不认为完整的人会来自有缺陷的人!"① 改良派还认为，女性因为遭受怀孕和月经的痛苦而虚弱。对此，法瓦兹回击说："因为怀孕的问题，真主使我比你更优越。男人，因为你只能在女人的肚子里才能孕育，靠着她的血液成形，吮吸她的奶汁长大。因此，你的大部分都是她给予的。"②

针对一些保守人士过分强调男女的生物学差异，法瓦兹指出："两者的灵魂都是一样的，作为本质的灵魂不分男女。如果说有区别的话，那也只是形式上的。两性的灵魂没有任何差异。"③ 关于男性大脑比女性发达这种说法，她指出："科学发现已证明，一个人聪明与否和他大脑的重量没有任何关系，天才们的大脑和最愚蠢的人的大脑重量是一样的。"④ 有人以发明创造来证明男性的优越，宰娜卜·法瓦兹对此反击说："女性的成就比所有这些发明还要大许多，男性这些发明创造的很大一部分归功于女性。她们养育了他们，他们的科学成就中当然有她们的功劳。"⑤ 法瓦兹还以西方妇女为例来证明男女是平等的。她说："绝大多数欧洲男性一致认为，男女在智力水平上是一样的，是社会组织中的两位成员，两者谁都离不开谁。既然这样，让女性和男性一样工作、参与政治等事务又何尝不可呢？否则，如果不工作，不为社会服务，那么，西方女性像男子一样学习哲学、数学、工程、政治法律等各种科学又有何用？女性是社会组织的重要成员，上帝创造女性并不是为了让她一直呆在家里。"⑥

---

① 宰娜卜·法瓦兹：《宰娜白信札》，穆特瓦西塔书局1999年版，第116页。
② 同上书，第116页。
③ 希尔米·那穆那穆：《未知地带》，第46页。
④ 同上书，第47页。
⑤ 同上书，第48—49页。
⑥ 宰娜卜·法瓦兹：《宰娜白信札》，穆特瓦西塔书局1999年版，第21页。

至于女性的继承权是男性的一半的问题,法瓦兹倒是认为这种分配是公平的,理由是男性需要承担女性的花销,满足她的所有需求。女性由她的丈夫来供养,而她的兄弟则要供养自己的妻子。这样算来,所得遗产的份额其实是相等的。①

尽管受到保守分子的猛烈攻击,埃及妇联的创始人胡黛·沙阿拉维仍坚持认为,从宗教层面来看,伊斯兰教早就给予了穆斯林女性与男性平等的权利,但女性同胞们因为愚昧无知而不会使用这些权利。她说:"伊斯兰教给了女性前所未有的权利,西方女性直到今天仍在为获得这些权利而斗争。女性们保留了教法承认的这些权利,但由于整整4个世纪的无知状态,她们一直没有考虑使用它。"② 她指出,穆斯林女性享有完全的民事行为能力,法律保障成年女性可以完全独立地处置她的财产,可以不经丈夫同意,进行买卖、赠予、放弃、托管等行为,和男子同等地从事金融、商业活动。至于遗产继承,虽然女孩的继承权只有她兄弟的一半,但有一点不能忽略:不管妻子有多少财产,男人都必须承担家庭的开支。③

沙阿拉维认为,女性必须获得政治权利,这不是说女性干预纯粹的政治党派事务,而是说她们获得立法权和行政权,使得她们可以参与社会、经济和经济问题的治理,特别是参与那些与妇女儿童有关的事务。因此,选举法应允许女性有选举权,"哪怕附加教育等方面的一些限制"。④ 很明显,沙阿拉维一直对改良派心存忌惮,所以才提出将教育作为给予女性选举权的交换条件,并指出选举权是女性参与妇女儿童相关立法的一种途径。

娜巴维亚·穆萨批评一些人过分关注男女生物学上的差异,说什么男子比女子更强壮、大脑更发达,并由此推论出两性之间的许多差异。她

---

① 宰娜卜·法瓦兹:《宰娜白信札》,穆特瓦西塔书局1999年版,第119页。
② 胡黛·沙阿拉维:《备忘录》,新月出版社2001年版,第254页。
③ 同上书,第256页。
④ 同上书,第231页。

说:"说男性比女性个子大、身体强壮,所以男性比女性聪明,这种说法是错误的。如果真是那样,那世界上的哲学家、最杰出的人就应该是那些个子最大的人。事实也许并非如此。那么,我们应可以推论出:女性比男性更聪明,因为她比他个子小。我不像男性那么夸张,我只想说男男女女都是一样的人。"[1] 针对有的人以杰出的男性多于女性来证明男性的聪明,她说:"他们忽略了这样的事实:一个人只有学习一种东西并专注于它,他才能在这方面取得突出的成就。所以,在以做饭、缝衣服为生的贫穷男性当中,我们找不到博学的杰出人士,尽管他们也许很有天分。而大多数女性都局限于家庭事务,学习的东西也都和家庭有关,我们怎么能期待她们当中有杰出的人才呢?即使如此,在那些重视女性教育的国家里还是涌现出不少的女性杰出人物,从而证明女性的天分是很好的,并不弱于男性。"[2] 因此,穆萨强调,一边是受过知识教育、实践历练、心智得到充分发展的男性,另一边是从小被抛弃在遗忘的角落、得不到教育和工作、心智失去自然光辉的女性,所以不能在这两者之间进行比较。她认为,只要女性得不到和男性同样的教育,大家就不应惊讶于男女之间的智力差距。一旦使女性得到相同的教育,人们就会发现,和其他动物一样,除了生殖方面外,男女没有任何不同。[3]

男性高高在上的作风,使穆萨对男性、对婚姻产生一种奇怪的心理情结。她说:"我厌恶婚姻,我觉得它是肮脏的。我决心不让这种肮脏玷污自己,我必须拒绝婚姻。"[4] 穆萨把自己对于婚姻的厌恶归因于自己的经济独立。她说:"我13岁离家去上学,也许是因为我厌恶这种事情。如果我一直没有工作,我就不能不结婚,因为我没有钱养活自己。就这样,我完全放弃了结婚。后来遇到一件事儿,使我的想法更明确而坚定,当时我听

---

[1] 娜巴维亚·穆萨:《女性与工作》,亚历山大书局2001年版,第23页。
[2] 同上书,第24页。
[3] 同上书,第27页。
[4] 娜巴维亚·穆萨:《自传》,亚历山大书局2001年版,第87页。

见一名男子和他的妻子在大街上吵架,男的说,像你这样一个我在你肚子上干事儿的女人,还敢教训我?那些话使我明白了一切,我不希望男人对我采取那种肮脏的姿态。因此,我年轻时厌恶听见结婚一词。长大后,哪怕仅仅是结婚的建议,对我来说也成为一种最难听的辱骂。"①

旅居埃及的黎巴嫩女性文学家梅·齐亚德也非常关注男女平等问题。她认为,女性们应"在平等的旗帜下顽强抗争,从统治者的脚下奋力挣脱出来,在生活和事业的道路上昂首挺胸"。②齐亚德拒绝一些思想界人士对女性人性的极度贬低,认为事实上女性的每份热情都发自于包容的人性精神,女性的每种不足都归因于普遍的人类局限,女性智慧的闪光也都是人类公共思想的一个侧面,因此,因为人性的弱点而指责女性同胞的所有言行都是不公正的,也是不合乎事实的。③

另一位女性经验派的代表人物杜丽亚·莎菲克认为,"穆斯林女性有处理自己最私密的生活私事的自由,也就是选择丈夫的权利。关于遗产继承制度,伊斯兰教规定,在条件相同的情况下,女性继承男性份额的一半,这是合理的,因为男性应当承担家庭开销,而女性却不用这么做,她所继承的财产保障了她的富裕。所以,伊斯兰教法对女性是公正的,甚至是十分优待的,在条件相同的前提下给予女性相当于男性继承份额一半的继承权"。④但是,莎菲克敦促埃及女性必须获得选举权和被选举权,实现男女在所有权利和义务上的平等,并呼吁埃及女性不要浪费她们的这一合法权利。⑤

---

① 娜巴维亚·穆萨:《自传》,亚历山大书局2001年版,第85页。
② 梅·齐亚德:《平等》,贝鲁特书局1983年版,第12页。
③ 梅·齐亚德:《女孩的机会》,诺菲尔书局1999年版,第12—13页。
④ 杜丽亚·莎菲克:《埃及女性运动的发展》,文学出版社2005年版,第27页。
⑤ 同上书,第136页。

第二节　对于女性工作权的争论

现代阿拉伯思想界对于女性工作权的问题看法不一，各执一词。有人认为，女性工作不应超越家的界限；也有人认为，女性在外工作也许情有可原，比如寡妇需要工作以养活自己和孩子；还有人认为，女性要想摆脱男性的专制就必须参加工作，工作还能使女性有能力选择自己的丈夫，过上自己想要的理想生活。

一、宗教改良派对于女性工作权的思想观点

里法阿·塔哈塔维担心，女性管理家庭会让孩子们养成一些不好的品质，但他又认为，女性的思维和天性，特别是她的温柔和慈爱，决定了她对家庭的管理权。他说："从思维和天性上看，女性并不适合管理家庭，也不应让她们教育孩子，因为这不会让孩子们性格豪爽和勇敢。但是，思维和天性也并不拒绝让柔弱的女子来管理家庭王国。妨碍女子管理好家庭的那些因素，也正是使她们性格温柔、宽厚和慈爱的原因。"① 因此，真主让她们专门负责安排基本的生活必需品、做一些必要的家务、照顾生病的丈夫和孩子、减轻他们的病痛，诸如此类的事。塔哈塔维呼吁说，在照顾家庭方面，当代女性应以先知的女人和他的伙伴们的女人为榜样，像她们那样为家人忙碌，为丈夫服务。②

尽管里法阿·塔哈塔维强调妇女的家庭工作，但他有时也谈论女性从事男性传统工作的可能性。他说："知识使得女性可以在需要的时候，根

---

① 里法阿·塔哈塔维：《少男少女指南》，东升书局2001年版，第463页。
② 同上书，第274页。

据自己的能力干一些男性所从事的工作。只要是女性能承受的工作,她们都可以自己去干。这可以让她们摆脱无所事事的境况,否则,如果女性没事做,她们就会搬弄是非,胡思乱想。而工作本身可以保护女性,使她们远离那些不宜的事,接近高尚的品行。"① 但是,塔哈塔维坚决反对女性从政,理由是"律法和政治是国王们的事儿,这些事情过于复杂,是女性的智力所无法承受的,而且女性不能抛头露面,无法与担任各种职务的男性接触交际"。② 很明显,塔哈塔维因反对男女工作接触而反对女性从政。就是说,塔哈塔维仍认为女性必须远离男性的视线,因此女性不适合从事政治工作。

宗教保守派人士哈姆宰·法塔赫拉认为,鉴于男女之间的天然差别,两者的分工也应不同。他说:"女性是为安逸的、受保护的生活而生,不应鄙视她们,而应像珍藏的珍珠宝石一样爱护她们。而男性是为辛苦劳动、克服困难而生。女性只要操持家务和抚养孩子就够了。"③ 为了捍卫自己的上述观点,法塔赫拉甚至批评欧洲人在女性外出工作问题上的"执迷不悟",称"执迷的欧洲人付出了很多努力,试图在所有情况下像对待男性那样平等地对待女性,但是这些努力都失败了,因为这有悖于他们称之为自然的事物本质。真主使人类生而有之的天性是无法替换的"。④

二、世俗自由派对于女性工作权的思想观点

虽然卡西姆·阿明是埃及女性主义运动旗手式的人物,但是每一个认真研读阿明相关著作的人都会发现,他从来主张在女性权利争取问题上应分清轻重缓急,担心矫枉过正,因此呼吁推动社会缓慢改变。同时,他也

---

① 里法阿·塔哈塔维:《少男少女指南》,东升书局2001年版,第393页。
② 同上书,第464页。
③ 哈姆宰·法塔赫拉:《初谈伊斯兰教中的女性权利》,第61页。
④ 同上书,第62页。

承认改良派人士所强调的男女之间的天然差别。他说："不可否认，女性天生适合从事家务和养育孩子，她承担着怀孕、生产、哺育等天职，使她无法从事那些男性所擅长的工作。很明显，女性给予社会最大的贡献就是结婚、生产和养育孩子，这是显而易见的问题，无需进行长期的研究。但是，错误在于，我们由此认为女性不需要接受教育和做好必要时养活自己和年幼孩子的准备。"① 他指出，民族落后的一个最大原因就是禁止女性从事工作，只有有教养的民族才能够教育好儿童。在当时的埃及社会，说一个人是"女人养的"，那就相当于说他没有教养；而在西方国家，女性教育在某个层面甚至优于男性教育，最有教养的人就是那些有幸接受女性教育的人；女性教育不可或缺，教育工作的大部分是由女性承担的。②

阿明不仅强调女性家庭工作的重要性，还主张女性在必要时出门工作。他抨击女性戴面纱，认为面纱使女性无法工作。他说："面纱和失业密切相关，而失业则导致所有美德在女性心中被扼杀。面纱和失业之间的这种联系，一些人并不愿意承认它的存在，他们也许更愿意有人说：我们戴面纱的女性有许多事情要做，如果给予她们自由，那也许会把她们的注意力从这些义务上移开，使她们专注于那些不会给女性和家庭带来任何好处的事情。"③

阿明认为，对年轻女性的教育必须做两件事：一是教会她们怎么教育孩子，女性在这方面比男性知道的更多；二是教会她们医学知识，因为女性天生怜悯、坚忍、重视健康。与此同时，阿明还要求允许女性在需要的时候从事男性从事的工作，认为这比当保姆或沿街叫卖更合适。他说："如果需要自己挣钱糊口，今天的埃及女性只能找到一些非常低级而又辛苦的活儿，如当保姆、沿街叫卖不值钱的小东西。所以，禁止女性从事男

---

① 卡西姆·阿明：《新女性》，埃及最高文化委员会1999年版，第64页。
② 卡西姆·阿明：《妇女解放》，埃及图书总署1993年版，第74页。
③ 卡西姆·阿明：《新女性》，埃及最高文化委员会1999年版，第43—44页。

性做的那些工作,事实上就是只让她们干这种收入微薄的低级工作,禁止她们从事收入丰厚的体面工作。"①

在回应阿明的上述观点时,塔拉特·哈尔卜试图通过加深两性的差别来支撑自己的观点。他认为,"天性使女性处于特定的范围,为她明确了男性所不能承担的职责。试图使女性在各个方面都与男性平等,那就意味着破坏自然,改变天性,而真主的法度是不可替代的"。②因此,女性的职责就是生养孩子,"真主为男性创造了女性,作为他在世间的享受,帮他持家。创造女性不是为了让他与男性争斗,或者发表意见和从政。不然的话,真主就会给予女性勇气、豪迈和大度,而事实并不是这样的。假如女性想做男性的工作,习惯于承担重任,在任何情况下都和男性平等,言行也和男性相似,这难道不是违背了真主赋予她的专门的职责了吗?"③哈尔卜尖锐地认为,亚非一些国家的女性出门从事工作,那是奴役女性、剥夺女性自然权利的一种表现。由此,我们发现,哈尔卜对男女生物学差异的重视,影响了他对女性工作问题的态度,认为女性的工作应该在家里。

阿明的另一位反对者穆罕默德·法里德·瓦吉迪强调,女性的一切都让人觉得她不是为干男性的工作而生的,并以为"如果女人离开她的领地,那意味着把她和她的家庭分开,从而破坏家庭的稳固"。④瓦吉迪认为,女性的工作纯粹是家庭性质的,女性外出工作会造成社会问题;而男性则不同,外出工作对他来说是自然而然的事。因此,瓦吉迪反对女性外出工作,认为这会抢了男性的饭碗。他说:"我们不认为女性从事科学和文学会让男性讨厌,让女性变得丑陋的只是她在外面和男性抢工作。"⑤

瓦吉迪固执地认为,穆斯林女性在工作问题上绝不能模仿西方,"因

---

① 卡西姆·阿明:《新女性》,埃及最高文化委员会1999年版,第71—72页。
② 塔拉特·哈尔卜:《女性教育与面纱》,图尔基出版社1901年版,第28页。
③ 同上书,第27页。
④ 穆罕默德·法里德·乌吉迪:《穆斯林女性》,图尔基出版社2001年版,第87页。
⑤ 同上书,第63—64页。

为他们（西方）大多数的思想家认为女性从事男性的工作是一种社会疾病。即使我们为形势所逼，整个世界都不顾自然秩序，开始给予女性从事男性工作的权利，难道穆斯林可以像其他民族那样反对自然法则吗？难道穆斯林没有能力制定法律，以符合宗教、自然和本性的方式改善我们女性的状况吗？难道我们没有其他办法，而只能模仿其他民族的痼疾吗？"[1] 瓦吉迪认为，女性的工作应局限于操持家务和养育孩子，认为这是最神圣的、最值得关心和重视的职责。

卡西姆·阿明的批评者把理由建立在男女的生物学差异之上，认为这种差异使得女性必须待在家里，从事合乎其天性的工作，即操持家务和养育孩子。事实上，阿明知道女性的这种天性也要求她们在家里工作，只不过他希望女性学习知识，以便能够更好地管理家务。但是他对现实有着更深刻的解读，他说，女性也许需要外出工作以养活自己和孩子，因此必须用科学武装自己，以免从事不合乎女性本性的低级工作。在此，我们可以看出，阿明对未来发展有着很强的前瞻能力。目前，经济和社会发展的现实已促使女性走出家门，从事各种各样的工作，工作保护了女性，使其有能力面对生活和家庭的灾祸，更使其有信心为自己选择丈夫，和男性一起平等参与各种事务。历史的发展证明，阿明的观点是正确的，是具有前瞻意义的。

阿明有关女性工作权方面的观点虽然遭到了改良派的指责，但得到了其他世俗自由派人士的拥护。作为世俗派人士，萨拉玛·穆萨在女性工作权方面提出了一些进步的意见。他批评有关女性不出门可以得到保护的说法，认为生活工作的压力有助于教育和锻炼女性，"家庭可以保护你免受灾祸的说法是错误的，因为这些灾祸考验和教育我们，你有权得到教育、变得成熟和不断成长"，"女性在工作中可以发现尊严、独立，感到希望和信心。她不担心自己的未来，不怕错过婚姻，她知道自己的尊严和幸福不

---

[1] 穆罕默德·法里德·乌吉迪：《穆斯林女性》，图尔基出版社2001年版，第99—100页。

仅仅依靠身体上的优点,她还有其他的优点,比如聪明、技能、交际能力等等,这些都可以在工作中获得"。① 萨拉玛·穆萨希望女性学习一门技能或手艺,这样就不会因为没有能力养活自己而不得不委身于男人,"满足于一个能挣钱给你的丈夫,到那时,你选择的不是一个可以相守的好丈夫和好父亲,而仅仅是一个可以养活你的人。所以,你应该掌握一门技能,以此实现经济独立,这样你就可以更好地选择丈夫"。②

萨拉玛·穆萨认为,"埃及女性有权利外出工作,工作使她感觉自己是有用的社会人。女性和男性一样,有权过自己想要的生活,有权发展。将她的生活限制在家里是扼杀她的意愿,阻碍她的发展"。③ 因此,他主张女性在尽到妻子和母亲责任的同时,受过教育的女性应该外出工作,利用自己的知识和技能服务社会。萨拉玛·穆萨解释说:"读者不要以为我轻视家庭的价值,家庭无疑是女性的王国。我的意思是,工作可以使她的思维保持清醒,使她的知识不断更新;生活在家庭的同时,她也应生活在社会中,从事宪法的、民事的、社会的和文化的活动,这样她的兴趣和关注点就会多样,她就能成为有利于民族进步和发展的积极因素,她的人格也会不断发展成熟,这和男性是一样的。"④

作为自由主义进步思想家,伊斯玛仪·马兹哈尔(Ismail Mazhar)认为,那些反对女性外出工作的人是希望女性仅仅成为男性享受的牺牲品。他不希望当时埃及社会对于女性的一些落后看法会一直阻碍女性就业,否则,"就破坏了一半的人对生活的向往,使一半的人成为生活逻辑中可以舍去的尾数,使她们一直禁闭在家中"。⑤ 马兹哈尔问道,"这些人怎么能乐于受过教育的女性依靠男人过活呢?要知道,没有受过教育的女性在家

---

① 萨拉玛·穆萨:《女性不是男性的玩偶》,萨拉玛·穆萨出版社2004年版,第14页。
② 同上书,第16页。
③ 同上书,第50页。
④ 同上书,第66页。
⑤ 伊斯玛仪·马兹哈尔:《民主时代的女性》,埃及复兴书局1997年版,第7页。

庭事务上几乎是独立的，她的生活也基本上是独立的。如果男性抛弃她，她会走进田里，挽起袖子，通过劳动挣得口粮，因为她的生活没有使她失去力量和意志"。① 所以，马兹哈尔认为，如果女性不工作和实现经济独立，就会像过去那样做男性的玩偶，可怜地依附于男性，而这和伊斯兰教的精神是相违背的，和所有宗教所倡导的权利是相违背的。大多数保守派和改良派人士都以女性的身体条件为由反对女性外出工作。对此，马兹哈尔和萨拉玛·穆萨有着相同的观点，他认为技术的进步使得柔弱的女性可以从事以前强壮男性做的工作。他说："机械工具为弱小的女性提供了机会，承担过去只有强壮熟练的男性才能从事的工作。"②

因此，作为世俗自由派的代表人物，伊斯玛仪·马兹哈尔和萨拉玛·穆萨都支持女性外出工作，认为这可以使女性成为自由的人、知性的人、完整的人、可以体验生活全部细节的人，而不是男人享乐的牺牲品。时间已经证明，世俗自由派的观点是完全正确的，因为工作女性能够更自由地选择丈夫和婚姻，可以分担家庭的经济压力，拥有在家庭管理方面的发言权。统计数据表明，工作女性的离婚率低于不工作的女性。重要的是，工作女性能够在失去丈夫的情况下支撑家庭，也可以在离婚后养活自己，因此工作女性使得家庭和社会生活更加稳定。相反，如果女性不工作，男性就可能任意干涉妻子的生活，对整个家庭生活实施独裁。

三、女性经验派对女性工作权的观点

埃及女性主义运动的女性经验派先驱非常重视对工作权的维护。宰娜卜·法瓦兹拒绝那种认为女性是弱者，应该有她专门的工作的看法。她说："没见过任何一种宗教会禁止女性参与到男性从事的工作中，天性与

---

① 伊斯玛仪·马兹哈尔：《民主时代的女性》，埃及复兴书局1997年版，第185—186页。
② 同上书，第114页。

此毫无关系。我不认为太阳会从西方出来，或者海水会变成淡水，但是，女性和男性一样是人，有健全的智力，有深刻的思想，相似的肢体。有多少女性领导男性，管理事务，做出判决，征召士兵，进行战争，就像那些统治她们王国的女王一样。我们曾看到，阿拉伯女性和男性们一起工作和战斗，虽然她们是妻子和母亲，但同样承受了危险。"[1] 也许正是出于对女性工作权的维护，法瓦兹撰写了《珍珠遍布》一书，展示了各个历史时期伟大女性的业绩。法瓦兹不承认男女在工作上的差异，她说，我们开罗、亚历山大和全埃及的贫穷女性都和男性一样干活，她们中有商人、工人，也有在工地上干活的。如果把目光转向农村，我们会看到田地里到处都有女性，甚至比男性人数还多，正在帮助她们的丈夫和儿子，和男性一样干着种植、收割等农活。智者观察人世，会发现两性是平等的。正是对女性的轻视导致了她们的落后。[2] 法瓦兹认为，女性如果学习了知识，就能像男性一样工作，但这除了那些有违妇道和不能戴面纱的工作。在此，我们注意到，法瓦兹反对任何有违妇道和不能戴面纱的工作，但是她同时认为"面纱不妨碍工作，因为社会是由男性和女性组成的，相互之间在生活和工作各方面上有密切的联系，所以我们女性也应该帮助男性工作"。[3]

法瓦兹认为，女性从事男性的工作是必要的，因为"操持家务、养育孩子，这是女性的本能和天生的本领，不需要学习，也不需要制定法律或规则。即使是未开化的女性，也会尽力照料家庭和孩子"。[4] 在这一点上，法瓦兹的观点有些偏颇，因为操持家务和养育孩子是建立在各种科学之上的艺术，女性应该学习；无知的女性不可能像受过教育的女性那样管理家庭，受过教育的女性比无知的女性更有能力管理生活事务，尽管这其中也有例外。

---

[1] 宰娜卜·法瓦兹：《宰娜白信札》，穆特瓦西塔书局1999年版，第173页。
[2] 同上书，第23—24页。
[3] 同上书，第59页。
[4] 同上书，第28页。

自称"大漠追寻者"的埃及女性文学家马利克·哈夫尼·纳斯夫反对给工作分等级和贬低妇女。她说:"男性很肯定地对我们说,你们天生是为了家庭,我们天生是为了生计。我想知道,真主的哪句话是这么说的?他们是怎么得出这种结论的?没有一本书说过这样的话!是的,政治经济学要求分工,但是我们一些人从事科学并不破坏这种分工。我认为男女之间的分工不过是自愿选择的结果,假如亚当选择做饭洗衣而夏娃选择为生计奔走,那么现在的情况会是另外一个样子,男性也不可能争论说我们生来就是做家务的。这种分工只是沿袭下来的习惯,而不是强迫的。我们现在没有力量从事重体力劳动,这只是因为我们过去做这种工作太少的原因。"① 纳斯夫认为,男性才是导致女性软弱的根源。她说,男性奴役女性多个世纪,以至于她的身体变得弱小,脑子都生了锈,然后却反咬一口说她生来就比他弱小和愚钝。纳斯夫并不否认男性在某些方面是优秀的,但是她认为,如果女性有从事这些工作的自由,也会变得和男性一样优秀。她说:"我们承认男性在发明创造方面的伟大贡献,但假如我和哥伦布在一条船上,那我也能发现美洲大陆。女性虽然没有什么伟大的发明,但在允许女性参与的社会科学和艺术等领域出现了不少杰出的女性,其中一些比男性更勇敢和具有英雄气概。"②

纳斯夫承认,不论学习什么知识,从事什么职业,女性都不能忘记她的孩子们,因为"养育孩子是专属于她的,她必须哺育他们,了解他们的进展,观察他们的情况。而且女性比男性更富有爱心,护士和医生是女性喜欢的职业之一"。③ 纳斯夫指出,女性需要学习各种必要的技艺,如裁衣、绣花、照顾孩子等,因为这样"就不必聘请外来的女人"。④

女性经验派人士拉比白·哈希姆女士十分重视教育问题,但在女性工

---

① 马利克·哈夫尼·纳斯夫:《女性做的事情》,胡达书局1996年版,第108页。
② 同上书,第109页。
③ 同上书,第133页。
④ 同上书,第128页。

作权的问题上,她倒是认为女性应集中精力养育孩子和操持家务,这种立场更接近宗教改良派的观点。她说:"女性应该忠诚地为亲爱的祖国服务,没有她们,祖国不会强大,有教养和文化的女性能够给予孩子们正确的教育,他们会为她们、为她们的文雅和美德而骄傲。"① 所以,不管贫穷还是富有,作为妻子,她的义务是不变的,她永远都需要养育孩子、照顾丈夫、管理家务等,这些都是"非常重要的工作"。②

把女性的工作局限于养育孩子和操持家务,这是哈希姆在思想上的立场,因为她认为养育孩子是女性最重要的工作,女性通过这一工作构建了整个社会。"假如儿子成了杀人犯或者可恶的盗贼,他与其说是罪犯,不如说是受害人、无知的受害人、失败教育的受害人,而真正的罪犯应该是那个女性,这个倒霉孩子的母亲。"③ 这是因为,一个人的早期教育是他的母亲来完成的,"她教他原则,把自己的性格传导给他,随着孩子的成长,那些早期的道德观念和母亲对他的影响也在加强。所以孩子性情恶劣是母亲的过错,孩子品质优良是母亲的功劳"。④

20世纪20年代,埃及的爱国主义运动兴起,女性开始参与其中,帮助穷人,埋葬死者,慰问伤员,清洁卫生等等。对此,女性经验派著名人物、埃及妇联的创始人胡黛·沙阿拉维认为,"伊斯兰律法不反对女性工作,我们的法律没有区分男女的条款,这和欧洲的情况是不同的"。⑤

另一位女性经验派的代表人物娜巴维亚·穆萨非常重视妇女工作问题。她于1922年撰写了著名的《女性与工作》一书,从各方面对女性工作权问题进行了分析。她认为,"一个没有活力、不爱劳动的民族是不会成功的。如果民族的一半是瘫痪的和没有生命的,这个民族就不会有活

---

① 拉比白·哈希姆:《谈教育》,东升书局1997年版,第61页。
② 同上书,第82页。
③ 同上书,第7页。
④ 同上书,第18页。
⑤ 胡黛·沙阿拉维:《备忘录》,新月出版社2001年版,第51页。

力。如果我们女性不工作，埃及民族的一半就被废弃和遗忘了"。① 因此，"如果我们使女性热爱劳动，她们就会改造好她们的家庭，从而改造好整个民族。工作历练心智，擦去失业的铁锈，就像机器的转动能够擦亮铁锈一样。贫穷的女性，请努力去改变自己的生活，富裕的女性，请努力去改变穷人的生活"。②

娜巴维亚·穆萨反对有关宗教禁止女性从事体面工作的说法。她说："说伊斯兰教不允许女性工作是无知的。我们可以看到，城里的穷人、贫困的农民、中产阶层，他们的女性和他们一起劳动，难道我们判定他们叛教吗？这些家庭正是埃及的支柱、财富的源泉、进步的基础，难道宗教允许我们把他们当成叛教者吗？"③

娜巴维亚·穆萨对女性工作的必要性有着十分深刻的认识。她说："我们不能保证每个女性都会有养活她的男性。有人说，穆斯林女性先后由父亲、丈夫和儿子养活。可是，谁能保证穆斯林父亲在女儿出嫁前不会去世？或出嫁的女孩不会被丈夫抛弃？或者丈夫不会死亡？到那时候，有谁来养活她和年幼的孩子？"④ 作为改良派的著名人物，穆罕默德·法里德·瓦吉迪曾说，如果穆斯林女性找不到养活她的人，就可以求助于穆斯林救助基金。而娜巴维亚·穆萨拒绝这种说法，她说，那个基金只是杯水车薪，抑或压根儿不存在。她指责改良派们在女性问题上说着不合乎事实的话。

娜巴维亚·穆萨同样批评以习俗为借口禁止女性工作，比如医疗工作。她说，现实情况迫使所有的女性与医生接触，与其让女性和医生接触以治疗她们的疾病，不如允许一些女性学习医学。以面纱为理由反对女性外出工作也是没有必要的，因为农村的女性在路上是不戴面纱的，"那里

---

① 娜巴维亚·穆萨：《女性与工作》，亚历山大书局2001年版，第65页。
② 同上书，第18页。
③ 同上书，第33—34页。
④ 同上书，第2页。

第五章　男女平等与女性工作权之争

的男性知道女性外出是去劳动,而不是调情"。① 由于拒绝女性从事一些有特色的工作,这迫使她们转而去从事那些低下而辛苦的工作,她们中有人沿街叫卖,任由来来往往的行人的目光从她们身上扫过,出于需要不得不听从粗劣男性的摆布,她们的样子无法让人尊重,"这对象征保护和文雅的面纱侵犯也是不言而喻的",因此工作对于女性来说是重要的,特别是高级的工作。必须让女性接受教育,使她能够从事"上等的工作",而不必为了生计去从事那些和她的所谓"弱小"不相符的"低等工作"。此外,"上等工作还能保护女性的尊严和纯洁"。②

娜巴维亚·穆萨还抨击工作中男性对女性的欺压。她说,"令我吃惊的是,最厌恶女性工作的男性竟然是那些在农村长大的,他们反对女性在城市里从事上等的工作,而他们的妻子却仍在农村干着男性的粗活儿,在我看来,她们比城城市女性更安乐,更好看"。③ 其实,娜巴维亚·穆萨本人曾在工作中遭受过不公正待遇,她于1926年3月向教育部长提交了多份诉状,抗议教育部对她的不公,努力争取男女在职务等各方面的平等待遇,要求教育部"给予我们和男性相同的工资",但当时部里回答说,待遇不同是因为穆萨本人以及她的女同事们"没有学士学位"。为此,娜巴维亚·穆萨下定决心,并最终于1907年取得了学位,成为埃及历史上第一个获得学士学位的女性。④

虽然娜巴维亚·穆萨呼吁允许女性外出工作,不过她要求女性重视家庭,并利用所学更好地完成自己的职责。她说,"我不怀疑,家庭是女性最重要的职责之一,也是专属于她的工作",因此她希望女性学习一些技艺和特长,比如缝纫、外语、音乐等。她说:"我们需要有经验的女教师来教授外语和钢琴,因为埃及女教师能让孩子们学会爱国。我们需要女律

---

① 娜巴维亚·穆萨:《女性与工作》,亚历山大书局2001年版,第35页。
② 同上书,第31页。
③ 同上书,第34页。
④ 娜巴维亚·穆萨:《自传》,亚历山大书局2001年版,第82页。

— 145 —

师，因为女律师更懂得女人，从而更好地保护妇女的权利。我们需要女医生，因为女医生更能体恤女士，也比男医生更容易让女病人接近。"[1]

常年旅居埃及的黎巴嫩女性文学家梅·齐亚德鼓励女性外出工作，她对女性外出工作的必要性有着独到的认识。她说："因为生活不能承受空虚，如果没有认真的思想和高尚的责任感，她就会去干一些无聊的事。工作对于女性塑造性格、锻炼思维有着积极的影响，因此应该教育女性热爱工作和劳动，并教会她工作的方法。失业使人失去生命力，损害人的尊严，愚钝人的智力，恶化人的道德，破坏对生活的态度。"[2] 为此，齐亚德呼吁对贫穷女性进行培训，让她们掌握一门手艺或技术，而不仅仅是救济她们。在强调女性工作重要性的同时，齐亚德也认为，"女性最大的职责是家庭，即使她有能力在外工作。假如她在外是个英雄，为他人工作，而忽视了她的小王国的一部分，那么她的生活仍是不规律的、不稳定的，就像一个不会识字和阅读的人却要学习哲学一样"[3]。齐亚德敦促女性同胞们必须学习如何养育孩子。她说："我不会说每位女士都应成为作家、诗人或者演说家，尽管女性手中必须有笔以将她们的声音传向世界。对于女性来说，成为好妻子、好母亲已经足够，有丈夫和孩子为她作证就够了。"[4] 这里，我们注意到，齐亚德富有东方精神，这种精神认为女性的位置首先是在家里，然后才是外出工作；女性应首先在家里获得成功，然后再根据生活的需要外出工作。

很明显，大多数女性经验派代表人物都着重强调宗教或者传统习惯并不禁止女性工作，从而为女性工作的重要性提供了法理依据。同时，她们还拒绝一些改良派人士的观点，这种观点认为男女天性不同，女性只应去从事与她们的天性相符的工作。女性经验派认为，如果有必要，女性必须

---

[1] 娜巴维亚·穆萨：《女性与工作》，亚历山大书局2001年版，第71页。
[2] 梅·齐亚德：《未知工作》，阿联酋文化局1996年版，第447页。
[3] 同上书，第396页。
[4] 同上书，第205页。

外出工作。所以，女性应该学习一些工作中用得上的技艺，而不是从事像当保姆、沿街叫卖之类的低级工作。此外，工作还能保护离婚的、或死了丈夫的女性。尽管经验派呼吁女性在必要时外出工作，但她们都强调女性的基本工作是养育孩子和操持家务，认为家庭是女性的第一王国。

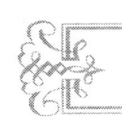

第六章 女性婚姻家庭权利之争

个人婚姻状况不仅涉及男性或女性的家庭生活，而且关系到社会生活的方方面面和社会稳定，因此该问题具有很高的敏感性。在伊斯兰世界、特别是阿拉伯国家，宗教信仰被认为是公民的私事，而伊斯兰教法关于公民私人身份事体的法规，称之为"属人法"，各国根据各自的国情，通过了关于穆斯林公民的《私人身份法》，内容涉及婚姻家庭关系和遗产继承等方面，这有别于我们大家熟知的《婚姻法》或《婚姻家庭法》。《私人身份法》虽然在形式上不同于传统伊斯兰教法，但在内容上仍以教法学为基础，因此其受宗教因素的影响很大，与女性权利的关系最为密切，而这类法案的颁布实施，往往会引起社会各界巨大的争议。例如，摩洛哥从2004年开始制定其《私人身份法》，直到10年后的2013年，该法才得以正式颁布实施。而一些海湾阿拉伯国家，直至今日也没有颁布《私人身份法》。

埃及是阿拉伯世界女性主义运动的发源地，世俗化进程也已经有200多年的历史，因此埃及是阿拉伯世界较早颁布实施《私人身份法》的国家之一。1979年，在积极投身于女性主义运动、社会福利和慈善事业以及政治事件的社会活动家、埃及第一夫人吉安·萨达特的关心和支持下，埃及颁布实施了《私人身份法》，对埃及女性保护起到了极大的促进作用。但是，从那时起，埃及社会各界对于这部法律的争议便从未间断过。2000

年，埃及人民议会修订该法时，各界围绕妻子外出旅行是否需要征得丈夫的同意、女性是否有权提出离婚、是否承认事实婚姻等问题引发了长达半年多的激烈争论。① 最后，在前总统夫人苏珊·穆巴拉克（Suzan Mubarak）的关心和支持下，修订后的《私人身份法》给予埃及女性更大的自主权和自由。但是，2011年穆巴拉克倒台后，埃及社会保守势力曾举行过声势浩大的游行示威活动，指责修订后的《私人身份法》"破坏家庭""对男性不公""导致埃及社会离婚率上升"，因此要求审判"罪犯"苏珊·穆巴拉克。②

可见，《私人身份法》的颁布标志着伊斯兰教法被纳入国家统一的法制和司法体系，教法在国家中的地位有所改变，不再是国家的根本大法。因此，该法时时处处牵动着宗教因素这一敏感的神经，又与女性在婚姻家庭中的地位和权利息息相关。在不少世人的眼中，穆斯林男性在家庭中占据着绝对的主导地位，一生可以娶多个妻子，又可以随意离婚，女性权益根本得不到保障。因此，在本章中，我们将重点讨论与女性主义理论相关的、最受外界关注和诟病的多妻制、离婚权等问题。

第一节 埃及女性主义各个流派的婚姻观念

事实上，阿拉伯人普遍重视家庭观念，喜欢孩子，认为孩子是真主赐给他们的礼物。当然，埃及人也不例外。因此，现代阿拉伯思想家们十分关注婚姻的重要性，致力于宣扬整个婚姻过程给人类带来的好处。宗教改良派代表人物里法阿·塔哈塔维认为："婚契意味着将夫妻双方维系在一

---

① "埃及私人身份法之战"，《生活报》官网，2000年1月10日，www.daharchives.alhayat.com/issue_archive。
② "因颁布'家庭儿童法'而要求审判苏珊"，引自埃及alroeya新闻网，http：//www.alroeya-news.net/political/arab-affairs/16167 - 16167.html。

起，约束双方对彼此忠贞，并赋予繁衍后代的合法权利。"① 他指出，男女结婚有九大好处：维护居所、洁净衣着、改善饮食、受女性温柔教化、性爱、生育、杜绝乱伦、远离疾病和增加亲情。②

在阿拉伯人的眼中，婚姻观念讲究"门当户对"，讲求男女双方对等的原则，认为伊斯兰教法要求遵循婚姻中的对等原则，男女双方相匹配尤为重要，男性应该有能力不让女性耻笑，这对于优生优育也极为重要。同样，男性如果与无知愚昧、或是性格拙劣、或是秉性古怪、或是下贱的女性结婚，则会带来各种腐化堕落之事。因为男性会不自觉地受到妻子道德水平的影响，而且这种堕落在孩子们中间造成的影响会比父母之间更大。

宗教保守派代表人物谢赫哈姆扎·法塔赫拉从教义角度阐释了婚姻问题，他说："伊斯兰教法要求结婚，目的是繁衍后代，如果只是为了满足欲望，则不会有回报。"③ 他认为，婚姻使得人类得以繁衍生息，先知穆罕默德也对此告诫说："你们应去结婚、生育，在复活日到来之时，将让你们人丁兴旺……"④ 如果只是为了满足欲望，则违背了人性，也就不具备心想事成的合法性。婚姻从根本上来说是生育后代、保全人类、规范男女关系、远离通奸之事的一种责任，而通奸将导致人类族谱的混乱，损害社会结构和公共卫生。

有的阿拉伯思想家还认为，夫妻之间应注重对等，这种平等体现在6个方面，即自由、服从、信仰、金钱、性爱、彩礼以及赡养费，并指出：女子在青春期发育期间，不应被强迫而中断青春期状态；父亲不应将年轻的女儿嫁给年老者或是名誉不好的男人；也不应将女儿嫁给道德败坏的人，淫荡之徒与贞洁的女子之间是不对等的。

---

① 里法阿·塔哈塔维：《少男少女指南》，东升书局2001年版，第495页。
② 同上书，第496页。
③ 哈姆扎·法塔赫拉：《浅谈女性在伊斯兰教中的权利》，布拉克阿米里亚出版社1889年版，转引自《现代阿拉伯思潮中的女性：时代论战述评》，第22页。
④ 同上书，第23页。

第六章 女性婚姻家庭权利之争

而在卡西姆·阿明生活的年代，结婚是男性享用多名女性的一种途径，女性们或一起进入男性的房间，或挨个进入，对女性而言，毫无专属的满足感。但他认为，所有的良好体验均来自当女性选择丈夫的时候，而非男性选择妻子的时候。因此，阿明也要求重视夫妻间的对等，"那是因为爱情不可能存在于教育成长背景迥异的男女双方之间，必须明白的是，受过良好教育的男性如果不爱妻子，而妻子则可能爱她的男性，于是男性心生怀疑，这是极其错误的，因为涉及物质和精神两方面因素的真爱只有因为尊重而得以延续，而尊重取决于女性对丈夫能力的认知，一个无知的女性是不会了解丈夫的能力大小的"。①

作为女性经验派的代表人物之一，女性文学家马利克·哈夫尼·纳斯夫批评当时在埃及社会出现的一些婚姻问题，认为采取避孕措施容易导致夫妻间出现不守信。而由于男性在婚前被禁止见未婚妻，幸运者能真心相爱，彼此心仪，而不幸者则可能是找来了一个愚蠢或无知的女性同居。女性同样如此，如果遇上了一个瘾君子或是花花公子，则会束手无策，惶惶不可终日。因此，她认为，婚姻问题，尤其是婚前男女双方缺乏接触是一个"急需解决的问题"，② 男女双方在婚前应该约会、聊天，这与伊斯兰教先知及其圣贤们的做法是一样的，也是几乎所有其他非穆斯林国家的通常做法，真没必要在这样的问题上大惊小怪。

纳斯夫还认为，有必要确定一个合适的结婚年龄，因为很多理解与爱都有赖于合适的结婚年龄。对于女性来说，只有当出现了能够承受婚姻艰辛的条件时才能结婚，"这个年龄不会早于 16 岁"。③ 未成年结婚对民族的危害有多个方面，比如承受苦难和分离、婴儿夭折多发、后代体弱、夫妻不幸、自然秩序混乱等等。此外，夫妻缺乏了解导致不理解，双方学识、

---

① 卡西姆·阿明：《解放女性》，埃及图书总署1993年版，第42页。
② 马利克·哈夫尼·纳斯夫：《女性》，胡达书局1996年版，第37页。
③ 同上书，第40页。

财富、宗教、国家等背景不同而结合，仅贪图钱财而不顾道德、逼婚，这些都是婚姻生活失败的原因。

作为当时埃及社会自由主义思想的代言人，塔希尔·希达德认为，伊斯兰教禁止私通，规定结婚是男女之间发生关系、共同生活、养育儿女的唯一途径，这也意味着子孙后代不会被遗弃或散落到异族他乡，而是沿着正确的道路被养育成人，民族血脉得以延续。塔希尔还批评当时埃及社会十分流行的阿拉伯青年与西方女性通婚的现象，认为"欧洲女性不是为我们而被创造，也未准备好同我们融合，因此只有阿拉伯女性才适合我们，如果有些阿拉伯女性离我们要求的完美特质相差甚远，那么把她们遗弃在家中成为老女人，任由男性娶外国女性并不是解决之道，而应努力完善她们，保护她们远离当今的危险。我们是'我中有你，你中有我'的关系，我们共同成为阿拉伯人"。①

埃及女性主义运动经验派代表人物萨拉玛·穆萨也要求青年男女注重夫妻间的"门当户对"，她说"在埃及社会，受过教育的女子依然更受青睐，我们发现，如果夫妻双方文化背景不对等，那么夫妻关系会一落千丈，甚至连基本的友情都难以维系"，因此比较好的办法是："青年男子不要选择和他不属于一个社会阶层或文化圈子的女孩，因为这里面的差距是品味、习惯和价值取向上的差距，如果这种差别不是很大，结果可能不会太危险，但如果差别很大，结果会是灾难性的。在我们国家，多数领域往往在乎男性的教育而忽视女性的教育，这种差别很明显，需要理解。但同时，我们也需要关注妻子的教育，使她重视自身的发展和文化水平的提高。"②

综上所述，埃及女性主义运动思想家们普遍关注婚姻的重要性及其在

---

① 塔希尔·希达德：《社会与伊斯兰教法中的女性》，埃及最高文化委员会1999年版，第47页。
② 萨拉玛·穆萨：《爱与生活的艺术》，萨拉玛·穆萨出版社2004年版，第54页。

延续人类生存方面的作用，他们更强调夫妻双方在各个方面对等的重要性，以便获取夫妻生活的成功，减少离婚。他们中的多数人还十分痛恨当时流行的埃及男青年与西方女性结婚的现象，认为从社会学家的角度来看这将对本民族造成很大危害，外国女性很难融入阿拉伯社会，也将造成大量埃及"剩女"。

第二节 限制多妻制

在西方媒体的评论中，或许最引以为异的是伊斯兰容许一夫多妻制。实际上，伊斯兰教并不认为一夫多妻制是一种放诸四海而皆准的制度，更不赞成滥用多妻制。在埃及社会，多妻制长期以来也是一个颇为争议的话题，赞成者有之，反对者更是大有人在。2000年，埃及最近一次修改《私人身份法》时，也未能明文规定取缔多妻制。2008年3月，由埃及前人民议会议长法特希·苏鲁尔率领的议会代表团参加欧洲—地中海议会大会时，曾公开承诺将宣布"一夫多妻""荣誉谋杀""逼婚"等行径"违法"，以便切实保护女性的权益。但是，随着埃及政局出现剧烈动荡，此事不了了之。

其实，多妻制并非伊斯兰社会的独有现象，一些非洲小国、印度、泰国等地迄今止仍存在多妻制现象。而随着伊斯兰文明的日渐没落，18世纪末到19世纪伊斯兰阿拉伯社会的女性状况也极其糟糕，最能突出反映女性地位低下程度的就是离婚和一夫多妻的普遍，尤其是到了奥斯曼帝国统治末期，多妻制问题在埃及女性主义运动各个流派之间引起了广泛的争论，归纳起来主要有以下几个方面：

一、宗教改良派有关多妻制的观点

19世纪对于一夫多妻问题的观点有限制、有放开，有的赞同一夫一妻取代一夫多妻。宗教改良派代表人物里法阿·塔哈塔维认为，伊斯兰教规定，没有必要的情况下不要超过一个妻子，也不要和有孩子的女人结婚。他说："真主以仁慈之心允许一夫多妻，但也担心他们不遵循公平对待每个妻子的前提条件，于是真主说：'如果担心不能公平对待，就只娶一位女子！'谁如果有两位妻子而没有被公平对待，在复活日到来之时便会受到应有的惩罚。"①

作为19世纪伊斯兰复兴运动的大思想家，谢赫穆罕默德·阿卜杜主张限制一夫多妻，他说："《古兰经》里'如果你们恐怕不能公平地待遇她们，那么，就只可以各娶一妻，…（4：3）②'的表述是教法规定，必须严格遵守，如果没有能力公平对待，就不能娶多位妻子，我们去得到多名女子，无非是满足短暂的欲望和获取一时的快感罢了，殊不知这将产生多少罪恶，是违反伊斯兰教法的。"③ 一夫多妻给社会带来诸多坏处，"尤为严重的是，各位妻子会把心中的嫉妒和仇恨移植到自己孩子心中，使这些孩子互相成为死敌，她们会在孩子们之间挑唆是非，在孩子父亲面前尽力推崇自己的孩子，制造偏见，种种类似的做法会对孩子童年的心灵产生巨大的影响，在他们心智成熟之后也难以消除，兄弟手足成为不共戴天的敌人，失去了可以同享福、共患难的帮手"。④

谢赫穆罕默德·阿卜杜认为，一夫多妻的根源在于男人沉溺于享受快感。阿拉伯世界曾处于长期的分裂和战争的状态中，杀戮导致男性数量减

---

① 里法阿·塔哈塔维：《少男少女指南》，东升书局2001年版，第489页。
② 马坚：《古兰经》中译本，中国社会科学出版社1996年版，第77页。
③ 穆罕默德·阿卜杜：《穆罕默德·阿卜杜全集》，卷二，东升书局，第77—78页。
④ 同上书，第78页。

少，很多女性无男性可嫁，那些有体力、有财力的男性便动了享受女性的念头，他们选择能满足自己欲望的女性为妻，而且只要体力和财力允许，会娶好几个妻子。但是，伊斯兰教认为，如果娶多位妻子只是为了满足欲望，而不是为了生育后代，就仅限娶一位妻子；而且要求丈夫应有能力公平对待多位妻子。因此，男性有意娶多名妻子时，必须仔细考虑清楚，须有能力公平对待她们，使众妻的孩子们保持亲密关系，不让她们产生做坏事的邪念，不去伤害妻子们和她们的孩子。因此，一夫多妻只有在公平条件下才是被允许的，否则娶多个妻子也不能产生爱，而是徒增憎恶。《古兰经》还讲到，"即便你们贪爱公平，你们也绝不能公平地待遇众妻；但你们不要完全偏向所爱的，而使被疏远的如悬空中。如果你们加以和解，而且防备虐待，那么，真主确是至赦的，确是至慈的。（4：129）"[①] 由此可知，公平是难以做到的，既然害怕做到这一点，那就只娶一妻，否则，就是罪恶。因此，穆罕默德·阿卜杜指出，"伊斯兰教禁止妻子数量过多，将其限制在4个，并对多妻者有严厉的要求，如果意识到这些，为什么还要娶不止一个妻子"。[②]

另外，穆罕默德·阿卜杜还总结了废除一夫多妻的几大理由：

第一，一夫多妻的前提条件是公平，但这一前提很难保证实施。1万人里可能能找出一个，这种概率显然不能成为普遍依据，当腐化占据着心灵的时候，男人很容易不去公平对待每个妻子。统治者应该禁止一夫多妻，本着少数服从多数的原则，全世界都应彻底废除多妻制；

第二，一夫多妻经常导致不善待妻子，花费和休闲的权利被剥夺，因此统治者基于教法，应该禁止一夫多妻，抵御腐朽之风；

第三，子女出现堕落和敌意源于母亲们之间的矛盾，每个孩子在排斥和仇恨其他兄弟姐妹的氛围中成长，孩子们互相成为死敌，不停地争斗、

[①] 穆罕默德·阿卜杜：《穆罕默德·阿卜杜全集》，卷二，东升书局，第99页。
[②] 同上书，第90—91页。

破坏自己的家庭。因此，统治者和宗教领袖应该禁止多妻制，以修复堕落的家庭。①

其实，大多数改良派人士都以开明的心态解读《古兰经》关于一夫多妻的相关内容，并未对此发表过激言论。作为伊斯兰复兴运动的著名思想家，谢赫穆罕默德·拉希德·里达认为，"先知穆罕默德被派到阿拉伯世界后，废除了私通的合法性，这种行为并不能算作婚姻，而只是建立在把妇女当作家什或宠物基础上的一种关系。因此，伊斯兰教没有绝对禁止一夫多妻，但也没有允许男性可以像之前那样想娶几个就娶几个，或是玩弄女性，而是限制数量以保证女性的利益和社会秩序不受损害，并兼顾男性的能力，于是规定不超过4个，但前提是男性要有能力供养她们，并公平对待她们，以尽可能避免女性像之前那样遭受不公。伊斯兰教还引导虔诚者非迫不得已，就只娶一个妻子。所以，伊斯兰教并未发明一夫多妻，也没有授意实行多妻制，而是恰恰警告那些想要娶三妻四妾的男性，很容易造成妻妾间的不公，进而触犯宗教禁忌"。②

拉希德·里达也认为，应限制一夫多妻，但并不意味绝对禁止。他说："伊斯兰教并没有毫不留情地绝对禁止一夫多妻，因为考虑到男性的本性以及一些固有的风俗，全世界的男性都喜欢享受女性。此外，还有一些情况比如女性因疾病、年龄等原因不能生育，在某些时期某些地方出现女性数量庞大，尤其是在战争后，会出现成千上万的遗孀，她们缺人爱抚和供养，而与此同时，会出现一些富裕和强壮的男性有能力娶两个或更多女性。"③

拉希德·里达认为，伊斯兰教并未将一夫多妻规定为义务或授意之事，但穆斯林对其进行了曲解，一些堕落之人没有节制地娶妻生子。对

---

① 穆罕默德·阿卜杜：《穆罕默德·阿卜杜全集》，卷二，东升书局，第93页。
② 穆罕默德·拉希德·里达：《婚姻生活》，麦纳尔书局1999年版，第54页。
③ 同上书，第54页。

此，拉希德·里达呼吁政府应该非正式地下令禁止一夫多妻，除非有正当必要，并认为"政府官员或伊玛目应该禁止一夫多妻，因为它会导致堕落"。①

而宗教保守派的代表人物、语言学家哈姆扎·法塔赫拉则认为，应从法理角度允许一夫多妻。他说："结婚的根本目的是增加人口、繁衍子孙、延续人类，谁如果只是为了满足欲望，那是违背人性的。我以前认为，保护血统可以被视作多妻制的合法目的之一，而我现在更意识到，如果只是因为欲望而娶多妻是没有益处的。但是，有的男性年富力强，欲望强盛，于是就需要娶不止一个妻子，伊斯兰教法没有禁止这样的男性娶多个妻子。"② 尽管法塔赫拉赞同一夫多妻，但他同时指出，"一夫多妻是古代的习俗，并不是伊斯兰法规定的义务或授权的任务，而且是以能够公平对待多妻为条件才被允许，这种公平包括分配居所、花销等各个方面，如果心中有偏向，就不会有公平，正如《古兰经》中所告诫：'即便你们贪爱公平，你们也绝不能公平地待遇众妻；但你们不要完全偏向所爱的，而使被疏远的如悬空中。（4：129）'③ 因此，丈夫并未被委以超出人类能力的任务"。④ 因此，法塔赫拉也认为，一夫多妻是有限制条件的，但是也应是被允许的。因为《古兰经》和圣训都指出女性数量最终会很庞大，这也是被统计证明了的，一旦因为禁止一夫多妻而引起各种腐败、损害、秩序混乱以及复杂危险的疾病，那么毫无疑问，"那些名门闺秀和有头脑的女性们又将用多妻制去试图抵御这样的灾害"。⑤ 法塔赫拉还批评某些人认为男性可以一夫多妻，女性也有权一妻多夫的观点。他认为，"这将导致人类的损失。如果你说为什么不允许女性一妻多夫，以满足她对男人的欲望和偏

---

① 穆罕默德·拉希德·里达：《婚姻生活》，麦纳尔书局1999年版，第55页。
② 哈姆扎·法塔赫拉：《浅谈女性在伊斯兰教中的权利》，布拉克阿米里亚出版社1889年版，转引自《现代阿拉伯思潮中的女性：时代论战述评》，第72页。
③ 马坚：《古兰经》中译本，中国社会科学出版社1996年版，第99页。
④ 同上书，第73页。
⑤ 同上书，第74页。

爱,人类被造之时,这些基本的欲望就已经被建在身体里,禁欲还有什么意义呢?我们说,这是为了我们的后代能生生不息,永不消亡"。①

可以说,法塔赫拉的上述观点代表了19世纪伊斯兰宗教界对多妻制问题的主流意见,对此后阿拉伯世界多妻制的发展演变产生了深远的影响。19世纪阿尔及利亚著名宗教学者谢赫伊本·胡加·杰扎伊里在一夫多妻问题上便极力赞同法塔赫拉的观点。他说:"一夫多妻是为了使欲望过强的男人得到满足,增加女性数量,在女性面前杜绝或者减少堕落。由于需要经历征途的艰辛和战争的危险,承担养家的重负等原因,男性的数量相对短缺,如果禁止男性娶多个妻子,将会剩下很多女性无法结婚。当然,丈夫必须公平对待每个妻子,平等分配食物、衣服、居所等等。"②

显然,19世纪的宗教改良派们大多主张限制一夫多妻,原因无外乎难以实现公平对待每个妻子,或是产生很多社会腐败问题,如子女间互相仇视,家庭成员难以和睦相处等等。谢赫穆罕默德·阿卜杜甚至主张完全取缔多妻制,以防止由此产生的很多社会问题。但反对者认为通过一夫多妻可以增加子孙数量,满足一些欲望强烈的男性,从而解决女性数量超过男性数量的问题,甚至认为一夫多妻至少优于与女性私下保持不正当关系。与此同时,宗教改良派们普遍反对一妻多夫,认为这将造成血统的遗失,进而产生很多腐朽的社会问题,最严重的是子女难以确定自己的血统。

一、世俗自由派主张限制多妻制

卡西姆·阿明认为,"一夫多妻是伊斯兰教初创之际常见的旧习俗。那时,妇女被认为是介于人与动物之间的特殊存在。一夫多妻就是在当时历史条件下社会组织中妇女状况所产生的旧习俗之一"。他还认为,"一夫

---

① 马坚:《古兰经》中译本,中国社会科学出版社1996年版,第71页。
② 穆罕默德·本·胡加·杰扎伊里:《关注女性权利》,东升书局1999年版,第19—20页。

多妻是对女性的一种严重歧视，因为你会发现，没有哪个女人愿意自己的丈夫被别的女人分享，就像也没有哪个男人接受别的男人分享妻子对自己的爱。这是一种男人和女人都同样具有的爱的天然专属性"。①

阿明将矛头集中在一夫多妻所带来的社会弊病上，这与穆罕默德·阿卜杜的做法是一致的。他认为，不同妻子所生的孩子在不和谐的争吵氛围中成长，在他们中间看不到爱的天性，而只能看到其相反的一面。他们心中充满了仇恨，终日看着母亲们勾心斗角，互相争宠，或是同他们的父亲缠斗，由此，在他们心中留下的是欺骗、邪恶的毒瘤。阿明还公开表示认同他的老师穆罕默德·阿卜杜有关限制多妻制的立场。他认为，"根据伊斯兰法的义务，如果担心不能做到公平对待每个妻子，那就只娶一个妻子就足够了。况且做到绝对公平是不可能的，还会引起家庭的堕落腐化。既然超越了伊斯兰法规定义务的界限，统治者就可以根据国家利益的需要，有条件地或无条件地禁止多妻制"。②

尽管阿明批评一夫多妻，并呼吁加以限制，但他认为在某些特殊情况下多妻制可以被允许。他说："只有当男人在一些有绝对必要的前提下，娶多个妻子才能被宽恕，比如，第一个妻子得了难以行使夫妻职责的疾病。但其实我也并不乐意看到男人因此或别的类似情况而娶第二个妻子，因为女性在这些问题上并没有过错。出于道义，妻子如果患病，丈夫应该承受，反之对于妻子也一样。同样，妻子不能生育也是上述例外情况之一，因为大多数男性还无法承受家庭无后的现实。在我看来，除了以上这些例外，娶多个老婆就只是为满足欲望而披上合法的外衣罢了。这是道德缺失的表现。"③

阿明的批评者非常重视回应他在一夫多妻问题上的观点。卜拉奇认

---

① 卡西姆·艾明：《解放女性》，埃及图书总署1993年版，第117页。
② 同上书，第121页。
③ 同上书，第120页。

为,"阿明呼吁远离甚至禁止一夫多妻,这种想法来自于很多同基督徒有交往的人,一夫多妻成为那些基督徒们亵渎伊斯兰教的口实,并被认为是神学法律所不齿的缺陷。他们中很多人将其归咎于伊斯兰教,呼吁远离一夫多妻以及其他被基督徒所诟病的类似行为,这已经成为他们否定伊斯兰法的标志性说辞"。[1] 作为针对阿明的观点的回应,宗教保守派人士谢赫穆罕默德·艾哈迈德·布拉甘明确表示支持多妻制,他认为,"一夫多妻的合法目的是增加后代数量,依靠一神论者建设国家,规范信仰,要知道,一夫多妻本身是没有缺陷的,不应以此来亵渎真正的宗教。在经济上有能力、并能公平对待每个妻子,娶多个妻子就无可厚非,更无罪过可言"。[2]

另一位宗教保守派人士阿卜杜勒·马吉德·海里也认为,应该接受一夫多妻的原则。他的理由和当时埃及社会宗教界一些权威人士的普遍观点类似。他说:"为什么在真主创造万物的时候使得女性数量多于男性?因为男性在婚后要承受很多,包括征战、供养妻子和子女等,这样的社会体系客观上要求实行多妻制。另外,女性在50岁之后就不能生育了,这和男性有所不同。如果男性娶了不能生育的女性为妻,就意味着断绝子孙,整个民族的壮大也会中断。"[3] 此外,海里还认为,一夫多妻还能给社会带来很多好处,比如增加生育、减少奸淫之事、寡妇得到抚养,同时富裕者通过这一做法,客观上维护了社会财富分配等方面的公平性,等等。

值得注意的是,阿明认为婚姻从根本上来说应是一夫一妻,只是在某些特殊情况下才能被允许一夫多妻。而阿明的批评者则认为从根本上就应是一夫多妻,他们从伊斯兰法理角度得出这样的结论,因为这是判断一切事物合法与否的出发点。尤其是女性数量超过男性数量、男性数量因战争原因减少等情况不仅出现在一些阿拉伯国家,也出现在世界各地的伊斯兰

---

[1] 穆罕默德·艾哈迈德·布拉甘:《女伴》,东升出版社1997年版,第15—16页。
[2] 同上。
[3] 阿卜杜勒·马吉德·海里:《稳固的动力·马吉德对卡西姆·阿明阁下的回应》,图尔基出版社1999年版,第81页。

社会中。

自由派人士塔希尔·希达德认为，一夫多妻并非伊斯兰教开创，但确实是一个陋习。他说："我没有说一夫多妻是伊斯兰教的一部分，因为我不认为是伊斯兰教对其存在和发展起到了促进作用，而恰恰是伊斯兰教以其教义的形式在渐进式地同这样一种原始无知的恶习作斗争。"① 希达德认为，伊斯兰教是最接近倡导一夫一妻制的，因为《古兰经》明示："你们可以择娶你们爱悦的女人，各娶两妻、三妻、四妻，如果你们恐怕不能公平地待遇她们，那么，就只可以各娶一妻。（4：3）"② 这就对娶多妻带来的后果作出了告诫，并指出了公平条件的难以满足性，《古兰经》里是这么说的："即便你们贪爱公平，你们也绝不能公平地待遇众妻。（4：129）"③

希达德反对保守派借口说一夫多妻是为了增加子孙数量，他认为，归根到底是欲望使然。他说："娶4个妻子无非为了满足欲望，即便是为多生孩子，家庭中也难免在男人和众妻间发生暴力、憎恶，最后的结果就是他们的孩子在学龄阶段或成为放牧娃，或成为大街上的小混混，而此时父亲已经年迈无力，尽不到其义务。如此的生育对家庭和社会又能带来什么好处呢？"④

世俗派人士萨拉玛·穆萨认为，"一夫多妻使家庭堕落，使亲情毁灭，使孩子们产生憎恶，所以请不要嫁给会让自己成为偏房的男性，否则你可能会成为他的二老婆、三老婆，甚至四老婆。如果你愿意成为某一男性众多妻子里的一个，你就不可能获得两性方面的平等。这种平等只有在一夫一妻的时候才会实现。一个男性娶多个老婆，无非是为了玩耍、戏弄

---

① 塔希尔·希达德：《社会与伊斯兰教法中的女性》，埃及最高文化委员会1999年版，第48页。
② 马坚：《古兰经》中译本，中国社会科学出版社1996年版，第77页。
③ 同上书，第99页。
④ 同上书，第120页。

女性"。①

　　另一名世俗派人士伊斯玛仪·马兹赫尔试图从经济学的角度解释一夫多妻的问题。他说："对埃及这样一个曾经对劳动力尤为依赖的农业国家来说，幸福是建立在农业发展的基础之上的。而在20世纪初经济大变革到来之前，农业依靠的是人的体力，于是男性通过多娶妻子来增加田间地头的劳动力，以创造更多价值。但是，当经济变革发生时，随着19世纪末埃及与欧洲的贸易往来增加，农业的经济能力取代了单纯体力的地位，家庭人口多从过去的有利因素变成了负担。男性在这种情况下不得不减少妻子和孩子的数量。"② 可见，马兹赫尔认为，一夫多妻是经济需求产生的习俗，在当今时代退出历史舞台也是经济发展的必然结果，而并非由于人们境界的提高、修养的提升或是思想的开花。所以，我们无需认定一夫多妻这一毒瘤的消失依赖于思想道德的进步，而是一种经济变革对埃及社会生活产生影响后发生的一种必然变化。

二、女性经验派批评多妻制

　　对于多妻制，埃及女性主义经验派代表人物都持非常尖锐的批评态度。旅居埃及的黎巴嫩作家宰娜卜·法瓦兹认为，"一夫多妻带来的危害是多方面的，对于女性来说，使她们产生妒忌；对男性来说，则造成长久的不幸；对于孩子来说，则产生比母亲们之间更深的仇恨"。③ 法瓦兹指出，有多少女性因为多妻制牺牲了自我和生活的乐趣！男性起初对女性表现出爱与忠诚，使她对男性言听计从，甚至爱对方超出爱自己的亲人，男性在她心中占据了牢固的位置，但她却看不到这种占有所带来的危害实际

---

① 萨拉玛·穆萨：《女性不是男性的玩偶》，萨拉玛·穆萨出版社2004年版，第16页。
② 伊斯玛仪·马兹赫尔：《民主时代的女性》，埃及复兴书局1997年版，第113页。
③ 宰娜卜·法瓦兹：《宰娜白信札》，穆特瓦西塔书局1999年版，第192—193页。

已经变成一种病根，最终导致更严重的病痛，甚至毁灭性打击。法瓦兹明确指出了一夫多妻的风险和社会危害，认为这对女性而言就如同被判死刑，对男性而言就是背叛，但因受限于当时的现实和强大的世俗压力，法瓦兹没有勇气明确呼吁禁止多妻制。不过尽管如此，从她针对多妻制的犀利攻击的言辞，可以看出她内心是赞同取消多妻制的。

埃及女性文学家马利克·哈夫尼·纳斯夫批评一夫多妻的"残忍和堕落"，并为我们描绘了一幅一夫多妻可怕的"堕落路线图"。她说："在金钱上的堕落体现为男性除了需要负担两个家庭的必要支出外，还要看着两个妻子各自挥霍，以使男性不再为更多的女性花销，阻止其再娶别的女人，而且，这两个妻子谁也不能因挥霍而受责备，她会很自然地说：'我要是节约了又有什么好处呢？'在道德上的堕落体现在丈夫常常通过哄骗来获取每个妻子的爱慕；孩子们的堕落则体现为每个妻子把自己的憎恨印在了孩子们的心中，伴随孩子们成长的是时刻感受着兄弟间对父亲的憎恨；女人们的心也在走向堕落，大老婆恨自己的丈夫，使丈夫生气，或让他因自己的情绪而受伤，而对于小老婆而言，只要自己丈夫还和别的女性有关系，就不会绝对忠诚于自己的丈夫。"[1] 女性对于自己偏房的仇恨究竟有多深？纳斯夫通过调研后发现，不少女性宁可让自己的丈夫进棺材，也不愿看到他们娶小。纳斯夫因此认为，"女性对偏房的排斥可能使她成为一个恶人，因为偏房燃起了她的怒火，如果她不够虔诚，恶魔就会乘虚而入，对她耳语，教唆她如何报复，于是很多女人给丈夫、或者偏房、或者偏房的孩子下毒，甚至将他们一起消灭"。[2]

纳斯夫还批评一些男性把妻子生女孩当作娶小的借口。她说："如果我们把生女孩看作是一个缺点的话，这是由女性一方所决定的吗？为什么不像责怪女性一样责怪男性？女性为什么不因此嫌弃对方并要求和他断绝

---

[1] 马利克·哈夫尼·纳斯夫：《女性》，胡达书局1996年版，第44页。
[2] 同上书，第45页。

关系？甚至去嫁给别的男性与她生男孩？如果夫妻一方固执于这样的迷信，那么，另一方也可以如此，在这个问题上双方不存在谁是谁非。"① 除了指出一夫多妻的危害，纳斯夫还指出，伊斯兰教在多妻制问题上并没有鼓励一夫多妻，而是为它设置了条件和限制。另一方面，纳斯夫认为，知识、道德、经济水平的不断提高将有助于减少一夫多妻的现象。娶两个以上妻子的习俗当年在开明和上流阶层几乎已经很少见了，因为"这与文明和开化进程格格不入，（多妻制）从法律上也应被废除"。②

埃及妇联的创始人胡黛·沙阿拉维呼吁限制一夫多妻。她说："对于西方人不断批评的一夫多妻问题，我认为，《古兰经》将妻子的数量上限设为4个，但是一夫多妻并非《古兰经》所授意，这是在伊斯兰教产生之前就流行于阿拉伯部落的习俗。《古兰经》说：'如果你们担心不能公平对待众妻，就只娶一个'，'即便你贪爱公平，也绝不可能做到公平对待众妻'。因此，女性有权要求取消这种使家庭面临分裂、不同妻子所生的子女间产生憎恨的习俗。我们应该采信于不造成分裂的教法裁决。"③

沙阿拉维认为，"随着教育的普及，这一习俗正逐渐消亡，因为女性的尊严感在增强，她们拒绝接受丈夫有别的状况，而男性则更加专注于家庭的幸福和安全，绝不想让分裂因素进入家门。"④ 为此，沙阿拉维所领导的埃及妇联明确要求制定法律，禁止一夫多妻，除非妻子不能生育或患有不能承担妻子职责的疾病，而这必须由医生开具相关证明。

埃及女性主义运动著名人物杜丽亚·莎菲克认为，"一夫多妻问题被很多人看做是伊斯兰教允许的事物中最突出的一个问题。毫无疑问，在国外生活较长时间的埃及人都会听到针对伊斯兰教是一夫多妻宗教的指责。

---

① 马利克·哈夫尼·纳斯夫：《女性》，胡达书局1996年版，第46页。
② 同上书，第47页。
③ 胡黛·沙阿拉维：《备忘录》，新月出版社2001年版，第255页。
④ 同上书，第331页。

他们说，是伊斯兰教使这种制度出现，但事实上，伊斯兰教绝对没有制定这样的制度，一夫多妻在伊斯兰教出现之前就已存在。早先，男性可以想娶几个老婆就娶几个，或者根据自己的经济条件决定娶几个。这种制度是和当时的阿拉伯社会文化状况相适应的，就连女性自己也没有认为不公，而反倒认为这本来就是生活之需。"[1] 但是，伊斯兰教限定了妻子的数量，不得超过4个，从而规范了当时在这方面普遍存在的混乱现象，甚至可以说为只娶一个妻子做了铺垫。即便在当时就规定阿拉伯人只能娶一个妻子，以规范其私生活和宗教信仰，从一夫多妻突然转向一妻制绝非易事，任何社会事物的发展总是循序渐进的。因此，莎菲克从发展的角度出发认为，"一夫多妻对当今社会已经没有好处，社会发生了巨变，很多事物也受经济社会新变化的影响而消亡。人们对于一夫多妻的注意力开始发生转移，这正是因为女性获得了极大的个性解放，有了很多过去未有的需求。对此，男性在精神上和物质上已经难以承受娶多个妻子的后果。也就是说，多妻制因社会客观因素而产生，也因此而消亡，伊斯兰教规定妻子数量上限也是为此'做出了贡献'"。[2]

可以看出，绝大多数的女性经验派代表人物都断然反对多妻制，因为这是对女性尊严的侵害，很多社会问题的产生也与此有关。因此，胡黛·沙阿拉维、杜丽亚·莎菲克等人都认为，有必要禁止一夫多妻。

第三节 限制离婚

根据穆斯林的传统习俗，丈夫只要3次当众宣布休妻，就可以与妻子解除婚约。这种习俗已经沿续了几百年。近年来，一些穆斯林丈夫的离婚

---

[1] 杜丽亚·莎菲克：《埃及女性运动的发展》，文学出版社2005年版，第18页。
[2] 同上书，第19页。

手段越来越简单,甚至通过手机发送离婚短信后就可以如愿以偿了。穆斯林男性的这种休妻特权受到了越来越多女性主义者的指责,不少伊斯兰国家也通过制定前面提到的《私人身份法》来限制或禁止一夫多妻,并限制丈夫的休妻特权,以保障女性的权益。

如果说19世纪末20世纪初的埃及女性主义思想家对于限制一夫多妻的必要性有着近乎一致的看法,那么,他们对于限制离婚也是持基本一致的态度,以使之缩小到尽可能小的范围内。埃及女性主义宗教改良派的代表人物、伊斯兰复兴运动的著名思想家谢赫穆罕默德·阿卜杜主张限制离婚,他在《古兰经》里也找到了相关解释:"如果你们怕夫妻不睦,那么,你们当从他们俩的亲戚中各推一个公正人,如果两个公正人欲加以和解,那么真主必使夫妻和睦。(4:35)"[1] 穆罕默德·阿卜杜认为,这段经文启示的是虔诚的信徒,并非针对所有个人和群体。因此,一些宗教学者认为,"夫妻双方发生不和,应找双方的亲属或邻居调解,如果没有,进行调解的公正人也必须是穆斯林。如果夫妻双方有正当的理由决意离婚,就不可能和睦相处,公正人也没有必要不遗余力进行调解了。这也是神在家庭制度方面所能照顾到的终点了"。[2] 阿卜杜认为,"如果夫妻间的冲突已经很严重,并且无法用《古兰经》中规定的方法去中止,那么只能提请法官审理了。法官必须任命两个公正人,分别来自夫妻双方的亲戚中,最好他俩也是邻居。如果亲戚不能做到公正,可以从外族中任命。公正人对夫妻双方进行调解,如果调解不成,就裁定离婚,并提交给法官。法官此时就必须接受公正人的裁定而进行判决。这种情况下离婚关系就被确定了,不需其他手续"。[3] 显然,穆罕默德·阿卜杜是在强调调解仲裁对于防止离

---

[1] 马坚:《古兰经》中译本,中国社会科学出版社1996年版,第84页。
[2] 穆罕默德·阿卜杜:《穆罕默德·阿卜杜全集》,卷五,东升书局2005年版,第211—213页。
[3] 穆罕默德·艾玛拉:《穆罕默德·阿卜杜伊玛目眼中的伊斯兰教和女性》,拉沙德出版社1997年版,第97页。

婚发生的重要性。他还认为，当离婚案提交到法官手里时，有必要确定两名公正人，或许能够调解成功，所有这些都是为了尽可能减少离婚，维护家庭稳定。

祖籍突尼斯、年幼时便移民埃及亚历山大并在那里成为现代阿拉伯语言学一代宗师的哈姆扎·法塔赫拉根据伊斯兰教法的思想认为，"离婚不是伊斯兰教规定的功课或授意的行为，也不是虔诚守法的行为。圣训中认为离婚是安拉所痛恨的，但是本着对人类的慈悲之心，伊斯兰教法认为离婚是没有损害的。《古兰经》里认为，结婚和离婚都是安拉的恩赐。女性也有权提出离婚。女性可以通过在婚约中订立条款，确认何时何种情况下，由她本人或监护人、或代理人办理离婚事宜"。①

作为世俗自由派的代表人物，卡西姆·阿明在开罗生活时，对于开罗城市中离婚率的统计大为吃惊。一份针对当时近18年来的统计显示，每4个妻子中就有3个离婚。② 这是极度危险的状况，因为它可能摧毁家庭的支柱。对于民族利益来说，当然希望夫妻间的婚约永不解除，除非去世。然而，对无法相处的人与之相处，这是超出人类能力的。③ 因此，阿明认为，只有在这种情况下才能允许离婚，即夫妻双方已经无法正常进行夫妻生活。他还强调，伊斯兰教法实际上对离婚是厌恶的，原则上是禁止的。阿明还呼吁成立离婚法院，并建议从以下几个方面建立离婚制度：

第一，丈夫如果要求离婚，本人必须到其司法管辖区的的法官或者合法授权人面前，告知他与妻子之间出现的问题；

第二，法官和授权人必须以《古兰经》和圣训中的相关内容劝导丈夫，使其明白离婚应根据安拉的旨意，并要求其慎重考虑一周时间；

第三，如果丈夫在一周后仍执意要离婚，应从夫妻双方亲人中各委任

---

① 哈姆扎·法塔赫拉：《浅谈女性在伊斯兰教中的权利》，布拉克阿米里亚出版社1889年版。转引自《现代阿拉伯思潮中的女性：时代论战述评》，第87页。
② 卡西姆·阿明：《解放女性》，埃及图书总署1993年版，第136页。
③ 同上书，第123页。

一名公正人进行调解。如果双方没有亲人，可以从外族中委任两名公正人；

第四，如果调解不成，公正人必须向法官或授权人提交报告，这样，法官才能判决离婚。判决时夫妻双方和证人必须到场，离婚才能生效，同时，只有出具的正式文件才能作为离婚证明。①

阿明认为，这些条款是符合伊斯兰教法的宗旨的，没有任何的违反，也没有损害丈夫正当的离婚权利。离婚的权利应建立在义务的基础之上，在最终离婚之前，应经过公正人调解和法官的告诫。这不只是丈夫的权利，也是为保护夫妻双方、子女各方的利益，确保做出慎重、长远的决定而采取的手段，以便尽可能杜绝很多夫妻因为不够慎重的离婚而抱憾终生。阿明多次强调，他的言论并非意味着离婚是男性的权利，他担心遭到伊斯兰学者和长老们的攻击，所以他曾这么说："最优秀的学者们，请你们不要认为这种简单的方法就能带来减少离婚的巨大好处，这只是遵从安拉的旨意，并进行了必要的调解。"② 由此，我们发现阿明在离婚问题上主张遵守伊斯兰法原则，在他的著作中对这个问题也是以伊斯兰教义作为主要参考，这有别于以往批评者指责他在妇女问题上追随西方。事实上，埃及在20世纪末出台的新的《私人身份法》采纳了很多阿明关于离婚的意见，尤其是限制离婚的必要性。可以说某种程度上，阿明建议的相关条款和这部法律里关于离婚的条款几乎是一致的。

作为女性经验派的代表人物，旅居埃及的黎巴嫩作家宰娜卜·法瓦兹认为，离婚主动权掌握在男性手中对女性的安全极为不利，因为女性即便和丈夫时刻相伴，她其实也并不知道任何能保障她和丈夫在一起的权力。法瓦兹一方面批评男性总是简单地以离婚解决问题，但另一方面也认为，难以相处而又不离婚也会给夫妻生活带来伤害和仇恨。她认为，如果人们

---

① 卡西姆·阿明：《解放女性》，埃及图书总署1993年版，第135页。
② 同上书，第96页。

可以在这两方面之间运用公正的神学法律找到中间路径，加以缓解的话，那么就应该去这么做。①

另一位埃及女性经验派的代表人物胡黛·沙阿拉维和她创建的埃及妇联也呼吁采用这种中间路线。妇女联合会呼吁，制定法律，规定丈夫只有在法官面前才能和妻子离婚，而且法官必须请夫妻双方各出一名公正人参与调解，调解失败才能根据伊斯兰法判决离婚。②

毕生致力于埃及女性事业的杜丽亚·莎菲克女士认为，"西方人认为伊斯兰教把离婚的有利面都赋予了男人，这完全与事实不符。因为很多女性都把保留自己提出离婚的权利作为答应结婚的条件，之后的夫妻生活并未受此条件影响，丈夫也无权禁止妻子的权利"。③ 莎菲克的上述观点和世俗派思想家伊斯玛仪·马兹哈尔的观点基本一致。他俩都认为，不应仅仅保障男性在婚姻中离婚的权利，而应将这一权利赋予男女双方，而且离婚必须经过专门法院的判决，否则是无效的，只有根据这些基础建立家庭才是制度合理的体现。至于取消女性离婚的权利，就意味着男性生气时可以把女性卖出去，高兴时又把她买回来，女性就像商品一样，今天和她离婚，明天又和她复婚，这是黑暗至极的行为。女性进入到这个家里，然后因男性的草率、愚昧无知和卑鄙下流而被抛弃。④

作为自由派的代表，塔希尔·希达德认为，物质上的贫困对夫妻离婚起到了一定作用，物质条件不好已经成为埃及社会家庭失败、夫妻生活充斥暴力、道德滑坡的最大影响因素，而这种状况是导致离婚案例增多的罪魁祸首。他说，多数离婚案是"由于贫困、生活拮据、无休止争吵，进而引起自我绝望而发生的"。⑤ 希达德认为，"在伊斯兰教中，只有当无法建

---

① 宰娜卜·法瓦兹：《宰娜白信札》，穆特瓦西塔书局1999年版，第192页。
② 胡黛·沙阿拉维：《备忘录》，新月出版社2001年版，第332页。
③ 杜丽亚·莎菲克：《埃及女性运动的发展》，文学出版社2005年版，第12页。
④ 伊斯玛仪·马兹哈尔：《民主时代的女性》，埃及复兴书局1997年版，第188页。
⑤ 塔希尔·希达德：《社会与伊斯兰教法中的女性》，埃及最高文化委员会1999年版，第133页。

立有效的夫妻生活时，离婚才具备合法的必要性，而不能仅仅凭借男人的偏好，或是一时冲动，这些换来的是数个世纪几代人的方向性错误。我们的伊斯兰法院至今仍在相信这些谬误，以此去判定婚姻、家庭案件。对此一些伊斯兰学者或思想僵化的人还感到满意，他们或许会说：这就是宗教！由此我们是否会对这些家庭的失望、妇女的损害，以及在这种充满裂痕的悲剧环境中出生的孩子的失败的原因产生疑问呢？这些学者不可悲吗？我们中像这些学者一样的人不可悲吗？"[1] 希达德赞同穆罕默德·阿卜杜、卡西姆·阿明的观点，认为"解决这个问题只有通过制定关于离婚和结婚的司法裁定原则，只有符合合法目的和规定时，才能完成结婚或离婚，而不能仅凭借男人的一张嘴，他可能没过多久就会哭诉他食言了，请求救赎他的无知、不清醒时的冲动和极度的愚蠢。因此我们必须建立离婚法院，维护伊斯兰教法的宗旨，法院可以根据实际情况要求人们遵守教义，这也是当今穆斯林的义务"。[2] 为此，希达德还列数了成立专门的离婚法院的如下理由：

第一，伊斯兰教是乐于看到人们结婚的，并希望人们将婚姻保持下去，对离婚则深恶痛绝，如果人们因为道德的退步背离这些宗旨，离婚就会成为人生中的缺憾。穆斯林应该与这种使人的精神意志灰飞烟灭的思潮划清界线，通过建立离婚法院来监督伊斯兰法的宗旨得到贯彻，减少穆斯林的苦难，同情那些遭践踏、嘲弄的女性；

第二，世界上任何法律都需要通过司法力量来得到维护，这样法律才能约束人们依法办事，但现在穆斯林在很多情况下走到了法律的对立面。对于穆斯林尤其是那些持有宗教偏见的领导者来说，建立伊斯兰法院、维护伊斯兰法的规定和宗旨，是他们的义务；

---

[1] 塔希尔·希达德：《社会与伊斯兰教法中的女性》，埃及最高文化委员会1999年版，第57页。
[2] 同上书，第58页。

第三，建立离婚法院并不是要损害男性的权利，而是根据伊斯兰教所允许的目的来加以规范，使男性知道离婚之后必须承担的损害，引导提出离婚者消去怒气，回归理性，是否真的下定离婚的决心对于离婚者来说至关重要；

第四，尊重个人权利并不意味着可以用其损害国家利益，如果我们认为建立离婚法院确实使男性的利益受到了损害，但却保护了家庭和社会免于解散甚至灭亡，那么我们就应该牺牲个人的权利，去换取社会的权利；

第五，个人有权处置自己的钱财，但如果挥霍滥用钱财，则是没有好处的，伊斯兰法有权阻止这种行为。金钱问题上如此，那么对于离婚问题，我们怎么可以在没有充分讨论研究的情况下就给男性这个权利，而使妻子、儿女和整个家庭受到影响。婚姻是人类生存繁衍的源泉，其在伊斯兰教里所体现出的神圣性难道还比不过金钱吗？

第六，男性想离婚就离婚的状况使得女性只能听天由命，并越发感到失望和屈辱，因此很多离婚案例中都是女性被男性抛弃，甚至接连被数个男性抛弃，使她对婚姻生活产生绝望；

第七，离婚由法院来裁决对于伊斯兰教来说并不奇怪。伊斯兰法院过去和现在都会通过两名公正人对夫妻双方进行调解，解决分歧。法院对真主所厌恶的离婚进行调解，使提出离婚者在判决前有足够的时间反省，可能会感到后悔，撤销离婚；

第八，经过法院进行离婚，可以详细归纳夫妻间发生冲突的原因，统计离婚数量，以及在哪种情况下最容易导致离婚，这对于我们了解不幸的成因，找到解决方法来说是最好的社会课本。①

尽管希达德呼吁通过法院裁决来限制离婚，但他同时认为，法院对于婚姻出现乱象、离婚蔓延来说并不是最有效的解决之道，最重要的是对男

---

① 塔希尔·希达德：《社会与伊斯兰教法中的女性》，埃及最高文化委员会1999年版，第58—61页。

性和女性进行平等的教育，努力完善人格。道德是立法的基础，也是立法的最终目的，但如果发生问题了，就需要有健全的法律做保障。

作为著名的伊斯兰学者，谢赫穆罕默德·拉希德·里达试图阐述伊斯兰教在离婚问题上的原则立场，批驳西方的错误观点。他说："欧洲人中的反伊斯兰教人士及其追随者认为，离婚是伊斯兰教法中最丑陋的污点之一，他们甚至夸大诬蔑称女性离婚不是伊斯兰教所允许的事物。"[1] 里达解释说，尽管伊斯兰教赋予了男性首先提出离婚的权利，但它厌恶不能说明重要原因的离婚。里达认为，因为男方得了疑难杂症影响到夫妻生活，或者不能供养妻子，或者无故杳无音讯，女方可以通过法官或裁定者解除结婚协议的方式解除夫妻关系。此外，女方也可以通过向男方支付一定经济赔偿的方式解除婚约，"赎回"自己，在这种情况下男性是不能反悔、再娶回妻子的。[2]

综上所述，埃及女性主义世俗自由派、宗教改良派和女性经验派的绝大多数都赞同限制离婚的必要性，赞成根据《古兰经》中仲裁原则的必要性来对待离婚，从而减少离婚的发生。

---

[1] 穆罕默德·拉希德·里达：《婚姻生活》，麦纳尔书局1999年版，第120页。
[2] 同上书，第126页。

结 论

19世纪末、20世纪初埃及女性主义思潮的兴起与发展，其内因是埃及女性社会地位的极端低下，而西方国家对埃及的殖民统治、伊斯兰复兴运动的兴起以及埃及民族独立运动的高涨等外部因素，客观上对女性主义在埃及的传播与发展起到了推动作用。西方女性主义在埃及"本土化"的过程中遭遇了水土不服，与当地的传统文化、伊斯兰核心价值观和风俗习惯产生了激烈的碰撞，从而促使女性主义在埃及"本土化"的过程表现为伊斯兰化的过程。因此，埃及本土女性主义思潮的核心价值观，不是西方女性主义的世俗女性观，而是建立在伊斯兰宗教教义基础上的新女性观。两者孰优孰劣，仍有待历史验证。一方面，西方女性主义已经经历了两性平等、两性平权、两性同格等历史阶段，从初期主要表达女性争取各种政治权利的诉求，发展到后来更关注身为女性的独特心理状态以及作为女性的生活现实。但是，一些女性主义者把堕胎权、离婚权、性行为权、性交易除罪、通奸除罪等作为反抗父权手段，导致现代社会不断泛滥的离婚、非婚生子女、单亲家庭，进而使两性之间的人伦关系陷于危机，这从一个侧面暴露了西方女性主义的缺陷。另一方面，以伊斯兰价值观为核心的埃及女性主义，其优越性也未能充分体现出来，不仅其发展进程明显落后于西方女性主义，迄今仍停留在女性追求自由解放、两性平等平权的层面上，而且埃及乃至整个阿拉伯世界目前女性地位相对低下的现实，似乎也说明了埃及女性主义的局限性。本书通过对埃及女性主义思潮兴起的原因、西方女性主义在埃及的传播途径、女性主义在埃及的"本土化"及其与伊斯兰价值观的冲突、埃及女性主义思潮的流派及其代表人物、各流派争论的焦点问题等专题进行了系统的梳理和研究，对埃及女性主义思潮的以下几个方面有了新的认识。

第一，19世纪末、20世纪初女性主义思潮在埃及的兴起及发展，不是一件孤立的、单一的历史事件，而是埃及社会从封建制、殖民地向现代化、民族独立过渡的历史嬗变过程中掀起的现代思潮的重要组成部分。埃及1919年革命、土耳其凯末尔的宗教改革等，促使人们重新审视女性问题和女性作用，对埃及女性主义的发展起到了巨大的推动作用。在社会变革的关键时期，埃及作为世界上"四大文明古国"之一，面对全方位落后于西方世界的现实，究竟应该走什么样的现代化道路？是"西化""世俗化"，还是应该结合本国的国情，走具有本民族特色的发展道路？此后的历史发展轨迹说明，埃及民众选择了后者。具体到女性问题，社会发展的大方向决定了埃及女性主义思潮的价值观取舍，拒绝"西化"和"世俗化"、探索女性主义的"本土化"价值观体系，自然发展成为埃及女性主义发展的主流。因此，无论宗教改良派、世俗自由派还是女性经验派，其理论观点都必须直面伊斯兰价值观对女性问题的影响。

第二，埃及女性主义思潮的兴起，为19世纪末、20世纪初的埃及女性主义运动提供了理论指导，而埃及女性主义运动的发展，则反哺、丰富了埃及女性主义思潮的内涵。埃及女性主义思潮的兴起和发展无疑带有"西化"和"世俗化"的某些特征。一方面，西方女性主义是资产阶级革命的"副产品"，本身带有世俗化的倾向，而西方女性主义在埃及的传播客观上对女性主义思潮在埃及的兴起产生了推动作用，因此埃及女性主义带有"世俗化"倾向不足为怪；另一方面，埃及女性主义各个流派，无论是世俗自由派、女性经验派，还是宗教改良派，他们对于西方女性主义的观点赞成也好，反对也罢，但其倡导的女性主义理论观点都是以西方女性主义为参照物的，因此埃及女性主义带有"西化"和"自由化"的色彩也是可以理解的。但是，如果如众多埃及女性主义研究学者一样，将19世纪末、20世纪初兴起的埃及女性主义思潮定性为"西化""自由化"和"世俗化"思潮，把它推向民族主义、爱国主义和伊斯兰核心价值观的对立面，则显得有失公允，有以偏盖全，否定埃及女性主义思潮本质的嫌疑。应该说，虽然埃及女性主义思潮受到了西方女性主义的影响，但其核心意义在于追求女性的自由解放和两性平等，其进步意义不容抹杀。

第三，埃及女性主义世俗自由派普遍主张世俗化女性主义理念，倡导女性解放，两性平等平权，认为必须理性对待《古兰经》和圣训有关女性问题的经典，必须重视借鉴西方女性主义的发展成果。但是，为了抵御传统、宗教保守势力的反扑，为了他们的世俗女性主义观点能更快、更好地被社会大多数人接受，大多数世俗自由派代表人物在倡导世俗化和自由化观念时是留有余地的，有的甚至引经据点、借鉴宗教权威的论述来为自己服务；宗教改良派则主张在女性问题上拒绝借鉴西方模式，呼吁在伊斯兰价值观基础上实现女性复兴，强调各国的国情不同，每个民族的风俗习惯千差万别，应根据自身的特点寻求女性问题的解决。为此，宗教改良派拒绝西方在女性问题上对伊斯兰价值观的指责，主张限制多妻制和轻率离婚，以改善伊斯兰女性观的形象。而女性经验主义派别作为一个特殊的群体，她们在努力维护同胞切身权益的同时，以女性社会观察的特有敏感，努力探寻一条理性、现实、折衷的女性主义发展道路。事实上，绝大多数女性经验派代表人物在关键问题上采纳了宗教改良派的观点，承认伊斯兰女性观的优越性，拒绝在女性问题上盲从西方，认为女性问题的解决必须与阿拉伯社会的实际情况相结合。而此后的埃及女性主义运动实践也表明，宗教改良派的女性主义观点站在捍卫宗教信仰和阿拉伯民族属性的道德制高点上，具有反殖民和反外来文化入侵的时代意义，因此它被埃及社会各界广泛接受，发展成为埃及女性主义的主流思潮。

第四，穆斯林女性是否应该佩戴面纱的问题，是19世纪末、20世纪初埃及女性主义各个流派分歧最大、争论最为激烈的问题。宗教保守派、改良派们几乎一致认同面纱作为传统服饰、信仰象征或一种禁锢女性、维护社会伦理道德水准的标志而存在的必要性和重要性；世俗自由派将面纱与女性自由联系起来，呼吁女性摘除面纱，追求自由和解放；而大多数女性经验派代表人物则赞同在这一问题上采取折衷、妥协的办法，主张把面纱改为头巾，露出自己的脸庞和双手。历史发展的经验表明，女性经验派的折衷办法现在已经被穆斯林女性广泛接受。但是，围绕这一问题的争论远未平息，只是话题从穆斯林女性是否应该佩戴"面纱"转变为是否应该佩戴"头巾"。

第五，西方女性主义启蒙于中世纪，最初是在宗教框架下进行的，而且使用了宗教术语。在经历数百年后的17世纪，西方女性才开始找到挑战宗教禁锢的信心。17、18世纪的西方资产阶级革命催生了世俗女性主义，并极大地促进了女性主义普世价值的实现。从西方女性主义的发展轨迹可以看出，女性主义的发展与宗教世俗化存在密切的关系。埃及作为一个宗教社会，数千年的宗教统治、一千多年的伊斯兰社会生态，使得宗教观念深入人心，根深蒂固。19世纪末、20世纪初在埃及兴起的女性主义思潮从一个侧面彰显了宗教影响力的巨大威力。因此，今后埃及女性主义思潮的发展必将与这个国家的宗教改革密切地联系在一起，宗教改革的广度和深度、社会世俗化的程度将在很大程度上决定埃及女性主义思潮今后的发展方向。

参考文献

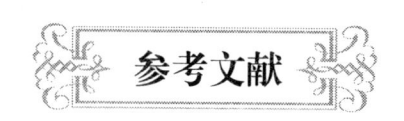

一、中文文献

1. ［美］阿莉森·贾格尔著，孟鑫译，段忠桥主编：当代英美马克思主义研究译丛《女权主义政治与人的本质》，高等教育出版社2009年版。

2. 胡传荣著：《女性主义与国际关系》，世界知识出版社2010年版。

3. 黄宇著：《婚姻家庭法之女性主义分析》，群众出版社2011年版。

4. ［英］简·弗里德曼著，雷艳红译：《女权主义》，吉林人民出版社2007年版。

5. 李银河主编：《妇女：最漫长的革命》，三联书店1997年版。

6. ［美］莉丝·沃格尔著，虞晖译，段忠桥主编：《马克思主义与女性受压迫：趋向统一的理论》，高等教育出版社2009年版。

7. 刘岩著：《差异之美：伊里加蕾的女性主义理论研究》，北京大学出版社2010年版。

8. 马坚：《古兰经》中译本，中国社会科学出版社1996年版。

9. 玛格丽特·沃特斯著，朱刚、麻晓蓉译：《女权主义简史》，外语教学与研究出版社2008年版（2012年重印）。

10. 倪志娟著：《女性主义知识考古学》，高等教育出版社2012年版。

11. 秦美珠著：《女性主义的马克思主义》，重庆出版集团、重庆出版社 2008 年版。

12. 苏红军、柏棣主编：《西方后学语境中的女权主义》，广西师范大学出版社 2006 年版。

13. 苏珊·包尔多著，綦亮、赵育春译：《女性主义、西方文化与身体：不能承受之重》，凤凰出版传媒集团、江苏人民出版社 2009 年版。

14. 孙中欣、张莉莉主编：《女性主义研究方法》，复旦大学出版社 2007 年版。

15. 涂龙德、周华：《伊斯兰激进组织》，时事出版社 2010 年版。

16. 王澄霞著：《女性主义与中国当代文化》，社会科学文献出版社 2010 年版。

17. 吴琳著：《美国生态女性主义批评理论与实践研究》，人民出版社 2011 年版。

18. 吴小英著：《回归日常生活：女性主义方法论与本土议题》，内蒙古大学出版社 2011 年版。

19. 伍庆玲著：《现代中东妇女问题》，云南大学出版社 2004 年版。

20. 中国法学会婚姻法学研究会编：《外国婚姻家庭法汇编》，群众出版社 2000 年版。

21. [法] 西蒙娜·德·波伏瓦著，郑克鲁译：《第二性》（I、II），上海译文出版社 2011 年版。

22. 肖巍著：《女性主义教育观及其实践》，中国人民大学出版社 2007 年版。

23. 《阿拉伯世界》，上海外语教育出版社，1998 年第 1 期。

24. 《阿拉伯世界》，上海外语教育出版社，2003 年第 2 期。

25. 《阿拉伯世界》，上海外语教育出版社，2005 年第 5 期。

26. 《西亚非洲》，上海外语教育出版社，1992 年第 2 期。

27. 林卡、唐琳著：《论女性主义研究的方法论意义》，《妇女研究论丛》2007 年第 1 期。

28. 刘育成：《穆斯林女性地位的争论与变革：伊斯兰现代主义之观点》，《三角公园》2003年第31期。

二、阿拉伯语文献

1 / أحمد طه محمد، المرأة المصرية بين الماضي والحاضر، مطبعة دار التأليف1979
2 / أحمد فارس الشدياق، الساق على الساق فيما هو الترياق، مطبعة الفنون الوطنية، مصر، 1993
3 / أحمد لطفى السيد، المنتخبات، مكتبة الانجلو المصرية، القاهرة، 2006
4 / أحمد محمد سالم، المرأة في الفكر العربي الحديث، مكتبة الأسرة2012
5 / إسماعيل مظهر، المرأة في عصر الديمقراطية، دار النهضة، القاهرة، 1997
6 / الأستاذة الدكتورة صالحة سنقر، بحوث في قضايا المرأة، 1995
7 / الدور الريادي للمرأة العربية، بحوث وأوراق عمل، منتدى" دور المرأة العربية في التنمية الإدارية"، مسقط -سلطنة عمان، أكتوبر2012
8 / السيد علي أحمد الصوري، حقوق المرأة في القرآن الكريم، مكتبة العلوم والحكم، محافظة الشرقية2012 ،
9 / الطاهر الحداد، إمرأتنا في الشريعة والمجتمع، المجلس الأعلى للثقافة، مصر1999
10 / المرأة العربية في الحياة العامة والسياسية، بحوث وأوراق عمل، الملتقى الأول لريادة الأعمال العربية النسائية، بيروت، ابريل2010
11 / باث بارون، النهضة النسائية في مصر، ترجمعة لميس النقاش، المجلس الأعلى للثقافة1999
12 / بحوث وأوراق عمل ملتقى، المرأة والوظيفة العامة في الخليج العربي، المنعقد في الدوحة، 2008
13 / حلمي النمنم الرائدة المجهولة، زينب فواز، دار النهر، القاهرة1997
14 / حمزة فتح الله، باكورة الكلام على حقوق النساء في الإسلام، المطبعة الأميرية ،
15 / خليل عبد الكريم، العرب والمرأة، سينا النشر والتوزيع، القاهرة1998
16 / درية شفيق، تطور النهضة النسائية في مصر، دار الأداب، 1996
17 / دور المرأة العربية في التنمية المستدامة، بحوث وأوراق عمل، الملتقيات التي عقدتها المنظمة حول دور المرأة للتنموي خلال عام2008
18 / راشد الغنوشي، المرأة بين القرآن والواقع المسلمين، دار الشروق2012
19 / رفاعة الطهطاوي، المرشد الأمين، الأعمال الكاملة، دار الشروق، القاهرة، 2001
20 / رفاعة الطهطاوي، تَخْلِيصُ الإبْرِيز في تَلْخِيص بَاريز، القاهرة، 1993
21 / ريموند ويليام بيكر، اسلام بلا خوف، مصر والإسلاميون الجدد، برجمة د. منار الشوربجي، المركز العلمي للدراسات السياسية، الطبعة العربية الثانية2009 ،
22 / زينب الخيضيري، مقدمة كتاب المرأة الجديدة، المجلس الأعلى للثقافة، 1999
23 / زينب فواز، الرسائل الزينبية، المطبعة المتوسطة، القاهرة، 1999
24 / سالم حسن، مصر في التاريخ القديم، القاهرة، 2005
25 / سلامة موسى، المرأة ليست لعبة الرجل، سلامة موسى للنشر والتوزيع2004

26 / سلامة موسى، فن الحب والحياة
27 / طلعت حرب، تربية المرأة والحجاب، مطبعة الترقي، القاهرة، 2001
28 / طلعت حرب، ، مطبعة الترقي، القاهرة، 2001
29 / عامر شماخ، الإخوان والمرأة، بين هموم الواقع وإشكاليات الخصوم، دار النشر للجامعات2009
30 / عباس محمود العقاد، المرأة في القرآن، دار نهضة مصر1980
31 / عباس محمود العقاد، هذه الشجرة، دار نهضة مصر، القاهرة1980 ،
32 / عبد الرحمن الكواكبي، المرأة في الأرياف، دار الشروق، القاهرة، 1999
33 / عبد القادر المغربي، محمد والمرأة، المطبعة السلفية، القاهرة
34 / عبد المجيد خيري، الدفع الجديد في الرد على حضرة قاسم بك أمين، مطبعة الترقي، القاهرة، 1999
35 / قاسم أمين، المرأة الجديدة، المجلس الأعلى للثقافة1999 ،
36 / قاسم أمين، المصريون، دار الهلال، القاهرة، 1995
37 / قاسم أمين، تحرير المرأة، طبعة جديدة بمناسبة مائة عام على صدور الطبعة الأولى، مكتبة الرقي1999
38 / محمد ابن الخوجة الجزائري، الاكتراث في حقوق الإناث، دار الشروق، القاهرة، 1999
39 / محمد أبو الاسعاد، نبوية موسى ودورها في الحياة السياسية المصرية، الهيئة المصرية العامة للكتاب1994
40 / محمد أحمد البولاقي، الجليس الأنيس، دار الشروق، القاهرة، 2001
41 / محمد رشيد رضا، الحياة الزوجية، مطبعة المنارة، 1999
42 / محمد عبد المجيد الفقي، المرأة من السياسة إلى الرئاسة، الهيئة المصرية العامة للكتاب
43 / محمد فريد وجدي، المرأة المسلمة، مطبعة الترقي، القاهرة، 2001
44 / ملتقى الدور الإداري والتنموي للمرأة في الوطن العربي، المنظمة العربية للتنمية الإدارية، أعمال المؤتمرات2007
45 / ملك حفني ناصف، النسنيات، دار الهدى للطباعة والنشر، القاهرة، 1999
46 / منصور فهمي، أحوال المرأة في الإسلام، منشورات الجمل، ألمانيا1997
47 / مي زيادة، الأعمال المجهولة، المجتمع الثقافي، أبو ظبي، الإمارات1996
48 / مي زيادة، باحثة البادية، دار الهلال، القاهرة 1999
49 / مي زيادة، بين المد والجزر، مؤسسة نوفل، بيروت، 1983
50 / مي زيادة، سوانح فتاة، مؤسسة نوفل، بيروت1999
51 / مي زيادة، كلمات وإشارات، مؤسسة نوفل، لبنان1983
52 / نبراس المعموري، المرأة الربيع العربي) الحالة المصرية أنموذجا، (دراسة مقارنة تحليلية، دار العربي، القاهرة، 2013
53 / نبوية موسى، المرأة والعمل، دار الاسكندرية، 2001
54 / نبوية موسى، الموظفات ،
55 / نبوية موسى، تاريخي بقلمي، منتدى المرأة والذاكرة، مطبعة الاسكندرية2001 ،
56 / لوضع المرأة المصرية قبل وبعد ثورة 25 يناير 2011، القاهرة، العربي للنشر والتوزيع4-5-2013
57 / نهاد أبو القمصان، المرأة في الدستور ما بين المبادئ والأحكام، دار نهضة مصر للنشر2012
58 / هدى شعراوي، مذكرات رائدة المرأة العربية، دار الهلال، القاهرة2001
59 / هشام شرابي، النظام الأبوي، مركز دراسات الوحدة العربية، بيروت1993
60 / يوسف القرضاوي، فقه الوسطية الإسلامية والتجديد، دار الشروق، 2010

三、英文文献

1. Butler, Judith, "Feminism in Any Other Name", differences, 1994.

2. The Global Gender Gap Report 2006 – 2012, PDF, http：//www. weforum. org.

3. Thomas, Calvin, ed. "Introduction：Identification, Appropriation, Proliferation", Straight with a Twist：Queer Theory and the Subject of Heterosexuality, University of Illinois Press, 2002.

4. Silverman, Kaja Male Subjectivity at the Margins, New York：Routledge, 1992.

5. 萨夫尔·本·阿卜杜·拉赫曼："解放女性之宣传——诞生与发展"，www. alhawali. com/index. cfm? method = home. subcontent@ contentID = 1509。

6. 哈利德·阿布·福图："埃及女性主义运动之教训"，http：//alarabnews. com/alshaab/GIF/25 – 20 – 2002/b12. htm。

7. 莱依拉·巴尤米："女性主义运动大事记"，www. jahaonline. com/articles/view/10. htm。

8. "埃及私人身份法之战"，《生活报》官网，2000 年 1 月 10 日，www. daharchives. alhayat. com/issue_archive。

9. "因颁布'家庭儿童法'而要求审判苏珊"，引自埃及 alroeya 新闻网，http：//www. alroeya-news. net/political/arab-affairs/16167 – 16167. html。

致 谢

《埃及女性主义思潮研究》成书于我的博士论文，书稿完成之时，片刻的轻松和喜悦后，感慨很多，感谢更多。首先，我要真诚感谢我的博士生导师周烈教授。

从我的博士论文选题到论文成稿，周烈教授无论是从选题过程、选题意义、资料整理、论文框架，还是从语言表述等各个方面都对我耐心指导，并提出许多非常宝贵的建设性建议。在导师无数次耐心、细致的指导下，有关埃及女性主义研究的选题思路才逐渐清晰起来，我最终决定把"埃及女性主义思潮研究"作为论文选题。

周烈教授深厚的学术造诣，严谨的治学风格，严肃的学科态度，乐观的性格，深深令我钦佩，尤其是他渊博的学识，敏锐的洞察力，为我论文的选题、撰写提供了关键启发和帮助。

我还要真诚感谢北京语言大学中东学院罗林院长，他既是我的领导，又是我的师长，感谢罗林院长多年的帮助、指导、支持和鼓励。罗院长对工作的执著、热情和无私奉献精神，深深地感染着我们每个人。

在任何时候，我都要特别感谢我的硕士生导师朱威烈教授，他那父亲般的教诲、指导、帮助和鼓励，都是我人生中巨大的前进动力。

2010年至2013年，我曾在中国驻埃及使馆教育处工作3年多。这是我人生中重要的阶段，也是论文资料收集的关键时期。我要感谢教育处霍文杰参赞及其夫人邬雅茹老师。他俩无论在工作中还是生活上都对我耐心指导和帮助，特别是与霍参赞夫妇共同经历与见证埃及"1·25"革命那段特殊时期，记忆与感激永存。

最后，我要特别感谢我的家人。年迈的父母、公婆尽最大的可能帮助我，支持我；年幼的女儿乖巧懂事，给了我极大的信心和勇气；我还要特别感谢我的爱人，在我攻读博士和论文写作、整理书稿期间，他一直默默地关心我、帮助我、陪伴我，数不清的写作夜晚，都有他的身影，每一个章节，他都认真研读，并提出自己的意见。

我一直带着一颗感恩的心生活和工作，我要感谢的人很多。我很幸运，因为生命中有你们。